Netzwerk
zum Erfolg

W0245335

Korter
Verlag

Rudolf Mann, Hrsg.

Netzwerk zum Erfolg

Ganzheitliche Unternehmensberatung durch Einzigartigkeit

1996
Korter Verlag Mannheim

Die Deutsche Bibliothek - CIP-Einheitsaufnahme

Mann, Rudolf, Hrsg.:
Netzwerk zum Erfolg -
Ganzheitliche Unternehmensberatung durch Einzigartigkeit,
Korter Verlag Mannheim 1996
ISBN 3-929839-07-5

Gedruckt auf Recycling-Papier „RICARTA", umweltfreundlich,
mit „Blauem Umweltengel".

ISBN 3-929839-07-5

© 1996 bei den jeweiligen Autoren
© Umschlag: „Licht und Leben", Aquarell von Christel Mann, 1996
Lektorat und Layout: Patricia Lüder
Druck und Bindung: Korter Verlag
Printed in Germany

Korter Verlag Mannheim

Inhaltsverzeichnis

Teil III Die Arbeitsweise

Vorwort

Liebe Leserin, lieber Leser,

unser Buch berichtet von einem neuen Konzept der Unternehmensberatung. Trainer, Moderatoren, Berater und Coachs haben sich zu einem Netzwerk zusammengeschlossen. Es geht um Ganzheitliche Unternehmensberatung.

Die Zeit ist reif, nicht nur um aus den alten Formen der Unternehmensführung auszubrechen, sondern auch aus den Standardleistungen der traditionellen Unternehmensberatung. Aber auch die Zeit der Einzelkämpfer ist vorbei. Weil unsere Welt so komplex geworden ist und sich so schnell verändert. Viele Unternehmen sind so groß geworden, daß ein Berater alleine nicht mehr ausreicht, ein Team notwendig wird, das miteinander kann, weil es ein gemeinsames Grundverständnis hat. Ein Team, mit der nötigen Kapazität, aber ohne den Nachteil hoher Fixkostenblöcke, die auszulasten sind. Die Zeit für das Netzwerk einzigartiger Unternehmensberater ist da. Jetzt.

Wirtschaft, Gesellschaft, Politik, Bevölkerungsentwicklung, ökologisches Verhalten, Wissenschaft, Religion bis hin zur Partnerschaft in der Familie geben Zeichen, daß es so wie bisher nicht weitergeht. Aber auch die Natur zeigt uns immer deutlicher, daß sie nicht ertragen kann, wie wir mit ihr umgehen: Überschwemmungen, Stürme, Vulkanausbrüche, Schlammlawinen, Hochwasser und Erdbeben an den Reißverschlüssen unseres Planeten sprechen eine deutliche Sprache. Auf neue Fragen und Herausforderungen brauchen wir neue Antworten. Auch wenn es auf den ersten Blick beruhigend aussieht, mit Altbewährtem fortzufahren. Aber die Zeit rast weiter.

In dieser Zeit der Unruhe, der Hektik und der Verwirrung ist ganzheitliches Denken und Handeln notwendiger als je zuvor. Es schließt das Ganze ein, handelt nicht nur aus der Sicht des Teilbereiches, dessen Interessen man gerade zufällig vertritt. „Ganzheitlich" ist oftmals schon zur hohlen Phrase geworden, weil heute Begriffe degenerieren, wenn sie beginnen, attraktiv zu werden. Genau wie unsere Früchte aus der Natur degenerieren, wenn sie durch Manipulation zwar Geschmack und Gehalt verlieren, aber auch nach Wochen noch wie frisch aussehen, damit der Kunde nichts merkt. Ist es die neue Kundenliebe?

In unserer Zeit immer schneller werdenden Wettbewerbs, gewinnt das betriebswirtschaftliche Gesetz *Austauschbare Leistungen tendieren zu Umsatzrendite Null"* immer mehr an Bedeutung. Das Lösungskonzept: Einzigartigkeit statt Gleichförmigkeit und Nachahmen. Wer in den Spuren anderer läuft, kann nie überholen. Aber Einzigartigkeit kann man weder beraten noch befehlen. Nachhaltige Einzigartigkeit gibt es nur dort, wo Menschen den Raum finden, ihre brachliegenden Fähigkeiten immer weiter zu entfalten. Wo ein Klima der Freude und Liebe die Möglichkeit gibt, an die eigene innere Quelle heranzukommen, an unser persönliches unendliches Reservoir für Kreativität und Produktivität. Wenn jemand Unternehmen beraten will, durch Einzigartigkeit Wettbewerbsstärke, Kundennutzen und Alleinstellung zu erreichen, muß er es selber leben. Oder glauben Sie, daß ein Berater, der einheitliche Standardleistungen in Unternehmen „verkauft", vorleben kann, wie man durch Einzigartigkeit die Potentiale der Zukunft entdeckt und nutzt?

So zeigt dieses Buch das Netzwerk-Konzept als Unternehmensberatung der Zukunft und die Einzigartigkeit der Menschen, die hinter diesem Konzept stehen. Deshalb ist es keine wissenschaftliche Abhandlung. Es ist eine Selbstdarstellung von Individualisten, die zusammenarbeiten. Bitte lesen Sie dieses Buch mit kritischem Verstand. Aber spüren Sie auch nach innen, was Ihr Herz dazu sagt. Wenn die äußere Sicht und das innere Gespür im Einklang sind, ist es sicher der richtige Weg. So entsteht Vertrauen.

Dieses Buch wäre nicht entstanden ohnedie Menschen, die daran mitgewirkt haben. Ich bedanke mich bei allen, die geholfen haben, daß dieses Buch im ersten Jahr unseres Netzwerks zu-stande kam. Ganz besonders bedanke ich mich bei denen, die die Umsetzung unserer Beiträge zu diesem Buch geschafft haben: Herr Bauhardt hat als geschäftsführender Gesellschafter des Korter-Verlages dieses Buch auf pragmatische Art möglich gemacht. Herr Münter hatte die Idee zu diesem Buch. Während der Entstehungsphase hat er für die inhaltliche Koordination gesorgt. Frau Lüder hat uns ihre beiden Meisterschaften zur Verfügung gestellt: die souveräne Handhabung des Computers und den perfekten Umgang mit der deutschen Sprache. Damit waren Lektorat und die Druckvorbereitung in einer sicheren Hand. Den Umschlag des Buches verdanken wir meiner Frau Christel. Sie hat uns ein Aquarell gestaltet, das uns erinnern will, wo der wahre Erfolg herkommt: nicht von außen, wo wir ihn suchen, sondern tief aus unserem Innern, aus uns selbst. Danke den Profis.

Als Initiator des Netzwerkes und der Herausgeber dieses Buches wünsche ich allen Lesern viel Freude und Inspiration beim Lesen. Wir haben es nicht nur für die Kolleginnen und Kollegen geschrieben, die vielleicht zu uns stoßen oder sich anregen lassen, etwas ähnliches ins Leben zu rufen. Es ist vor allem für die Verantwortlichen in Unternehmen, die sich für die besondere Art unserer Arbeit interessieren. Die auf diesem Weg den einen oder anderen von uns näher kennenlernen wollen. Sie alle sollen mit diesem Buch einen Einblick bekommen. Eine Entscheidungshilfe. Spielraum, um wählen zu können. Weil mit dem Bewußtsein, daß wir wählen können, egal, wo wir gerade stehen, unsere Freiheit beginnt.

Dr. Rudolf Mann
Mannheim, im November 1996

Teil I   Die Idee

Rudolf Mann

Das virtuelle Beratungs-Unternehmen

Wir leben in einer Zeit, in der viele Beratungsgesellschaften den Unternehmen Patentrezepte für radikale Schlankheitskuren verschreiben. Egal ob es „Reengineering, Enthierarchisierung, Restrukturierung, Lean Management, schlanke Organisation, Prozeßorientierung, Entbürokratisierung, Flexibisierung, Verschlankungsprojekte" oder wie auch immer genannt wird. Da liegt es eigentlich auf der Hand, daß nicht nur das beratene Unternehmen diese Rezepte anwendet, sondern die Beratungsgesellschaft als Vorbild vorangeht. Wer will denn heute noch als Beratungskunde die Fixkostenanteile ungenutzter Kapazitäten, internationaler Verwaltungszentralen und ungeübter Berufsanfänger als Teil des Beratungshonorars bezahlen, wenn das eigene Unternehmen den Abbau des Fixkostenblocks bis an die Grenzen der Machbarkeit vorangetrieben hat?

Die Idee, statt eines konventionell hierarchisch aufgebauten Beratungsunternehmens durch die Gründung eines Netzwerks Selbständige statt Angestellte zu einem virtuellen Unternehmen zusammenzufassen, ist ein Erfordernis unserer Zeit. Die Glaubwürdigkeit empfohlener Lösungskonzepte wird immer intensiver daraufhin geprüft, ob der, der vorschlägt oder anweist, selbst mit guten Beispiel vorangeht. Unser virtuelles Beratungsunternehmen hat vier Grundsäulen:

1. Ein <u>Netzwerk</u> von berufserfahrenen selbständigen Beratern, Moderatoren, Coachs und Trainern,
2. Konsens im <u>Ganzheitlichen Denken</u> und Handeln als Antwort auf die Herausforderungen unserer Zeit,
3. das Konzept der <u>Einzigartigkeit</u> als Garant für die nachhaltige Lebenfähigkeit des Unternehmens und
4. <u>"Unternehmens-Erfolg"</u> als gemeinsame Kommunikations- und Werkzeugbasis für individuelle Beratungsleistungen.

Die erste Säule: Das Netzwerk

Unser Netzwerk wurde Anfang 1996 von zehn Mitgliedern gegründet. Techniker, Betriebswirte, Vertriebsspezialisten, Pädagogen, Psychologen und Psychotherapeuten haben sich zusammengefunden, um nach langjährigen Erfahrungen in Führungspositionen von Unternehmen und als „Einzelkämpfer" im Beratungsgeschäft ihre qualitativen und quantitativen Kapazitäten zu bündeln und gemeinsam Synergie-Effekte zu erreichen. Heute liegt unsere Mitgliederzahl bei 20. Die Tatsache, daß nicht alle in diesem Buch in Erscheinung treten, ist auch Zeichen des individuellen Freiheitsgrades, den wir uns gegenseitig einräumen.

Bei der Gründung dieses Netzwerkes haben mir persönlich die Erfahrungen geholfen, die ich vor fünf Jahren sammeln konnte. Damals, beim Erscheinen meines Buches „Der ganzheitliche Mensch" (heute in der 3. Auflage unter dem Titel „Bewußt-Sein im Beruf"), habe ich interessierte Leser zu einem „Netzwerk für Neues Bewußtsein in Wirtschaft und Gesellschaft" eingeladen. Der Zuspruch war sehr groß. Nach kurzer Zeit stieß das Netzwerk mit über 100 Mitgliedern an die Grenzen des Machbaren. Ich habe aus diesem Experiment folgende Konsequenzen gezogen:

1. Das Netzwerk kann nicht für jeden zugänglich sein, der einfach nur Spaß am Thema hat. Wenn man zusammenarbeiten will, um ganz konkrete Probleme in Unternehmen zu lösen, sind ausreichende Berufserfahrung, die Qualifikation in einem bestimmten Themengebiet, ein aktives Interesse an Ganzheitlicher Unternehmensführung und eine gemeinsame Basis zur Kooperation und Kommunikation unverzichtbar.
2. Das Experiment, Leistungen kostenlos gegeneinander auszutauschen, funktioniert in unsere Geldwirtschaft nicht. „Was nichts kostet, taugt nichts". Das ist keine Einkaufsgemeinschaft, sondern eine Leistungsgemeinschaft. Dabei müssen Leistungen, sowohl Seminare, Trainings als auch

Kommunikations- und Koordinationsleistungen, <u>bezahlt</u> werden.

3. Auch im Netzwerk kommen wir ohne ein <u>Mindestmaß an Struktur</u> nicht aus. Sitzungen laufen einfach chaotisch ab, wenn nicht vorher klare Verantwortungen festgelegt sind. Die Erfahrung hat gezeigt, daß chaotische Treffen in der Regel auch keinen Nutzen bringen, so daß die Teilnehmer nicht mehr bereit sind, Geld und Zeit einzusetzen, um bei solchen Veranstaltungen dabei zu sein.

4. Das Netzwerk braucht einen hohen <u>Grad an Freiheit</u>. Viel Raum, um die Individualität jedes einzelnen entfalten zu lassen. Aber das Netzwerk braucht auch eine intensive gegenseitige <u>Herausforderung</u>, damit sich die Mitglieder nicht einlullen in der Hoffnung, daß einer schon die Initiative ergreifen wird, und alle etwas davon haben.

5. Bei Netzwerken muß man die <u>kritische</u> Zahl beachten. Ab 30 Mitglieder verliert die erste Gruppe ihr Zusammengehörigkeitsgefühl. Zellteilung ist angebracht. Ab und zu ist es auch ratsam, daß alle Mitglieder herausgefordert werden, darüber nachzudenken, ob sie noch dabei bleiben und sich einbringen wollen. Nichts lähmt mehr als viele passive Beifahrer.

Wir versuchen, heute diese Erfahrungen zu beachten und trotzdem mit einem absoluten Minimum an Regelungen und Vorschriften auszukommen.

Unsere Netzwerk-Mitglieder haben sich durch persönliche Kontakte, kleine Kooperationshinweise in einigen Zeitschriften und dem Weitersagen durch andere Netzwerkmitglieder zusammengefunden. Es gibt für die Interessenten eine Einladung zur Kooperation mit folgenden Zielen:

1. *Aufbau eines Netzes von Moderatoren, Beratern, Coachs und Trainern im deutschsprachigen Raum, die ihre individuellen Leistungen anbieten und sich damit synergetisch ergänzen.*

2. Verbreitung des ganzheitlichen Führungs-Know-hows auf einer gesicherten Qualitätsbasis mit dem "Unternehmens-Erfolg"-Leitfaden.
3. Akquisition von Kunden und Weiterentwicklung des ganzheitlichen Konzepts durch gemeinsame Schwerpunktbildung und gegenseitige Unterstützung.
4. Hilfe zur Selbsthilfe für mittelständische Unternehmen durch einen Beratungsprozeß, in dem sie selbst den Anteil von Eigenleistungen und Fremdhilfe bestimmen.
5. Gemeinsame Projektarbeit bei neuartigen, komplexen Aufgabenstellungen und bei Großaufträgen.

Die Netzwerk-Partner schützen sich und ihre Klienten vor sektiererischen Einflüssen, vor Vereinigungen wie Scientology u.ä.

Es hat sich als nützlich erwiesen, daß man sich vor der Entscheidung persönlich kennenlernt, zumindest durch einige schriftliche Unterlagen mit Einblick in den persönlichen Lebenslauf. In dem obligatorischen Einstiegsseminar findet dann ein engerer Kontakt statt.

Das Netzwerk begann nach intensiver Kommunikation mit den ersten Versuchen einer Zusammenarbeit in allen möglichen Konstellationen. Manche Mitglieder waren gemeinsam auf einem Seminar, andere haben sich zusammengeschlossen, um im Zweier-Team Klausuren zu moderieren, und es gab Anfänge für Gemeinschaftsprojekte in einer größeren Gruppe. Die Erfahrungen in der Vorbereitung gemeinsamer Großprojekte sind vielversprechend
- sowohl in großen Unternehmen als auch in stark diversifizierten Gruppen und
- in Verbänden und Gemeinschaftsunternehmen mit einer Vielzahl von Miglieds- oder Tochtergesellschaften, die nach einer vergleichbaren Vorgehensweise ihre individuellen Potentiale nutzen wollen.

Vorläufig haben wir beschlossen, uns zweimal im Jahr für eine interne Klausur zu treffen. Unsere erste Begegnung fand im Juni statt. Neben vielen interessanten Themen, die diskutiert wurden, stand die Entwicklung eines Selbstverständnisses im Mittelpunkt. Wir nennen dieses Selbstverständnis, das wir uns geschaffen haben, „Wunschbild", weil es zeigt, wo wir hinwollen, und auch Dinge ausdrückt, die z.Z. noch nicht realisiert sind. Normalerweise ist ein Wunschbild eine interne Sache. Es eignet sich nicht so gut für die Veröffentlichung, weil es von Außenstehenden leicht falsch verstanden wird. Nachdem wir uns aber entschlossen haben, mit unserem Netzwerk-Konzept ganz offen in die Öffentlichkeit zu gehen, finden Sie im Folgenden den Originaltext:

Unser Wunschbild:

- Das "Netzwerk: Unternehmens-Erfog" ist ein Team von Beraterinnen und Beratern, die Unternehmen auf dem Weg zu einem GANZHEITLICHEN Konzept begleiten.
- Es macht uns Freude, durch scheinbar unmögliche Beratung, Training, Moderation und Coaching Unternehmen nachhaltig zum Erfolg zu führen und Mitarbeiter zu begeistern.
- Wir bringen ungenutzte Energien und Potentiale bei Menschen in Organisationen zur Entfaltung, die handfest und sofort umsetzbar sind, zum Wohle des Ganzen.
- Wir sind ein begeistertes Team einzigartiger Spezialisten, die sich gegenseitig in ihrer Genialität herausfordern. Damit bleiben wir Vorreiter im Bewußtseinsprozeß von Wirtschaft und Gesellschaft.
- Das Netzwerk ist ein ständiger Kreislauf von Geben und Nehmen, Informations- und Know-how-Austausch, Kooperation und Inspiration. So gewinnen wir Beraterqualität, Ansehen und wirtschaftlichen Erfolg.

Zweite Säule: Ganzheitlich Denken und Handeln

Ganzheitliche Unternehmensberatung versteht sich als Training, Moderation und Beratung von Unternehmen, die nach bewußterem Denken und Handeln suchen. Das Unternehmen ist nicht getrennt, ein fremdes Objekt, das wie eine Maschine gesteuert wird. Wenn wir uns das Unternehmen anschauen, sehen wir in einen großen Spiegel. Wenn wir hineinschauen, sehen wir uns selber.

Das, was wir in der Realität vorfinden, muß vorher in den Köpfen der Verantwortlichen gewesen sein. So funktioniert Schöpfung. Und Unternehmen sind nun mal menschliche Schöpfungen. Egal, ob Erfolg oder Mißerfolg, Gewinn oder Verlust, Wachstum oder Stagnation, das, was geschieht, kann nicht in der Realität entstehen, ohne daß es seinen Ursprung in den Köpfen der Führung hat. Zwölf Merkmale zeigen uns, was Ganzheitliche Unternehmensführung bedeutet:

1. <u>Das Ganze ist mehr als die Summe der Teile:</u>
Die funktionale Organisation zerreißt Zusammenhänge und Interdependenzen der einzelnen Fachbreiche. Intern im Unternehmen gibt es eine Vielzahl von Ausschüssen, Kommissionen, Projekten, Koordinierungsgesprächen etc., um diese Trennung zu überbrücken. Aber diese Verbindungen haben noch wenig mit ganzheitlich zu tun. Es fehlen weitere elf Komponenten.
2. <u>Innen und außen sehen.</u>
In der klassischen Form gab es typische Innenfunktionen des Unternehmens, wie z.B. das Rechnungswesen, und umgekehrt die klassischen Außenfunktionen des Vertriebs und Marketing. Auf dem Weg zur stärkeren Kundenorientierung war diese Trennung nicht mehr haltbar. Je mehr ein Unternehmen die internen Stärken und Potentiale auf die Kundenbedürfnisse ausrichtet, desto schneller führt sich diese Trennung von selbst ad absurdum.

3. Beide Pole beachten:

Unsere ganze Schöpfung ist geprägt von dem Prinzip der Polarität. Immer da, wo der eine Pol stark ist, existiert der andere in gleicher Stärke, auch wenn man ihn (noch) nicht bemerkt. Selbstverständlich ist dieses Prinzip bei der Bilanz oder der G + V. Aber es gilt überall. Auch bei Aktivitäten zur Gewinnverbesserung: je stärker die Gewinnerzielung forciert wird, desto gewichtiger wird die potentielle Kraft des Gegenpols „Verlust". Bis die Situation umschwappt, weil die Kraft nicht mehr gehalten werden kann. Manche überraschenden Unternehmenskrisen der letzten Zeit sind so erklärbar.

4. Fünf Faktoren bestimmen das Grund-Wirk-Gefüge:

Fähigkeiten der Mitarbeiter (1) und Bedürfnisse der Kunden (2) auf die Unternehmensziele (3) ausgerichtet unter der Beachtung des strategischen Engpasses (4), wobei die Umsetzung (5) bereits in der Konzentrationsphase Berücksichtigung findet. Die Vernachlässigung eines Faktors führt zur Schieflage des Unternehmens. Die Instrumente zu dem Wirk-System zeigt der „Unternehmens-Erfolg"-Leitfaden.

5. Vernetzte Systeme:

Mit linearem Denken sind die Probleme im Unternehmen nicht mehr zu bewältigen. Damit genügen auch nicht mehr die wenn... - dann... - Bedingungen der empirischen Forschung. Auch die Prognose ist out, weil sie einen festen Bedingungsrahmen unterstellt, der sich gerade heute permanent verändert. Durch Vernetzung kann der Einflußfaktor einer Entscheidung nicht nur Wirkgröße für die anderen sein, sondern von diesen wiederum selbst verändert werden. Dann wirkt sich die Entscheidung oft ganz anders aus als ursprünglich beabsichtigt.

6. Lebende Organismen:

Stoffwechsel, Lebensenergie, Wachstumschwellen etc. lassen uns Unternehmen völlig neu begreifen. Lebensenergie ist die Vorsteuergröße des Gewinns, sie fließt durch Menschen in das Unternehmen. Messen kann man sie durch die Strategische Bilanz, eine Weiterentwicklung der Spannungsbilanz. Ohne Lebensenergie gibt es keinen Gewinn.

7. Evolution als permanente Veränderung:

In der Evolution gibt es keinen Weg zurück. Anpassung und Starrheit bestimmen über Leben und Tod. Evolutionsgesetze weisen uns auf wahrscheinliche Entwicklungen im Unternehmen hin. Naturgesetze geben uns neue Einsichten, wie Unternehmen funktionieren. Aber es geht immer nur nach vorne: Altes muß sterben, damit Platz für Neues entsteht.

8. Einzigartige Individuen:

Unternehmen sind wie Menschen potentiell einmalig, einzigartig, unique, nirgends wiederholbar. Weil die Individualität der Menschen im Unternehmen sein Wesen prägt. Es ist auch die Chance für die Zukunft, denn Gewinn ist die Belohnung für Einzigartigkeit in unserer Marktwirtschaft.

9. Unternehmen sind Hologramme.

Jeder Teil gibt ein Bild des Ganzen wieder. So gesehen ist jeder Mitarbeiter im Unternehmen das Abbild des Unternehmens als Ganzheit und jedes Unternehmen das Abbild der Gesellschaft, in der es wirkt. Wenn die MitarbeiterInnen negative Energien im Unternehmen verströmen, erleidet es Verluste; wenn ein Unternehmen seine Umwelt nicht liebt, wird diese krank. Im Teil ist das Ganze vorhanden. Wie innen, so außen.

10. Unternehmen sind Leib-Seele-Geist-Einheiten:

Sie sind die Projektionen ihrer Schöpfer. Den Geist eines Unternehmens kann jeder spüren, der mit dem Unternehmen in Berührung kommt. Die Seele reagiert auf Anziehung und Abstoßung, denn Gleiches zieht Gleiches an. Führungskräfte haben immer die Mitarbeiter und Mitarbeiterinnen, die sie zum Lernen für ihr Leben brauchen.

11. Über die Schranke schauen:

Hinter der Oberfläche der äußeren Erscheinung, die wir mit unseren Sinnesorganen wahrnehmen und mit dem Intellekt durchdenken, den Hintergrund, die Ursache, die Bedeutung und den Sinn entdecken. Der Sinn betrifft immer das Unternehmen und gleichzeitig den einzelnen Menschen. Der Durchblick ist möglich, wenn wir das, was ist und geschieht, nicht mehr in Gut und Böse trennen. Einfach es annehmen, ohne zu verurteilen.

12. <u>Jedes Unternehmen ist ein Spiegel</u>

Die Menschen, die darin arbeiten, können sich darin wiederfinden. Alles, was uns dort stört, stört uns an uns selbst. Wenn Situationen des Unternehmens Emotionen in uns auslösen, sind diese nicht irgendwo außen, sondern in uns selbst. Wie jeder Spiegel, sind sie dazu da, das von uns zu entdecken, was wir ohne Spiegel nicht sehen können, unseren blinden Fleck.

Die dritte Säule: Einzigartigkeit

Wenn ein Unternehmen nachhaltig Erfolg haben will, muß es sich in seinen Leistungen nachhaltig von den des Wettbewerbs unterscheiden. Austauschbare Leistungen tendieren zu Umsatzrendite von Null. Egal, ob wir es mit Wolfgang Mewes ausdrücken, der in seiner EKS fordert, daß das brennendste Problem der Zielgruppe nachhaltig besser gelöst wird als vom Wettbewerb, ob wir es als Nutzenvorteil für den Kunden bezeichnen, als u.s.p. (unique selling position), als Wettbewerbsvorteil oder wie auch immer. Unternehmen können nur bestehen, wenn sie irgendwo marktrelevant nachhaltig besser sind als ihre Konkurrenz. Marktrelevant bedeutet, daß der Kunde die Unterschiede als wichtige Vorteile akzeptiert und bereit ist, sie zu bezahlen.

Die Fähigkeit, einzigartige Leistungen für eine bestimmte Kundenzielgruppe zu erbringen, kann man nicht kaufen oder anordnen. Es gibt nur eine einzige Quelle, die diese Fähigkeit nachhaltig garantiert: Wenn ein Unternehmen allen die Chance gibt, ihre bisher genutzten und die noch brachliegenden Fähigkeiten immer weiter auszubauen. Denn nur die Menschen sind einzigartig, jeder vom anderen unterschiedlich, so, wie unsere Fingerabdrücke.

Unternehmen ohne Menschen können nicht einzigartig sein. Es ist der Mensch, der die Potentiale ins Unternehmen bringt. Menschen sind der „Humus", in dem Einzigartigkeit gedeihen kann. Es gibt keine andere Möglichkeit. In jedem Menschen steckt viel mehr, als er normalerweise in das Unternehmen einbringen darf. Das Gefühl, „mit einem Porsche Briefe austragen zu müssen", d. h. qualitativ unterfordert zu sein, haben die meisten unselbständig Beschäftigten. Nicht nur in der Wirtschaft.

Was bleibt dem Menschen anderes übrig, als sich außerhalb des Berufes „auszutoben", wenn er im Beruf in einem durch Stellenbeschreibungen, Arbeitsabläufe, Vorschriften und Kontrollsysteme festgezurrten Gitterbett vegetieren muß? Er betätigt sich dann mit seinen Hobbys in Vereinen und versucht einen Teil von dem, was er darüber hinaus noch kann, zu leben. Aber irgendwo bleibt ein Stückchen Frustration, weil der Beruf, das, wozu man berufen ist, verhindert, sich selbst zu entfalten und durch die Herausforderungen der Aufgaben stetig zu wachsen.

In diesem Sinne können wir auch Motivation besser begreifen. Es geht nicht darum, durch irgendwelche Geschenke Menschen zur Leistung anzufeuern. Motivation ist ein Leistungsanreiz durch Ziele, für die es lohnt, sich einzusetzen. Das gelingt, wenn man die Ziele nicht nur kennt, sondern bei der Zielformulierung mitgewirkt hat. Daß man sich wiederfindet in dem, was das Unternehmen in der Zukunft will. Je mehr das geschieht, desto mehr wird Energie freigesetzt, die unsere Produktivität und Kreativität steigert.

Die Entfaltung von Einzigartigkeit in Unternehmen nennen wir Potentialentwicklung. In dem Begriff Potential steckt die ganze Power, die ein Unternehmen latent zur Verfügung hat: Es sind Fähigkeiten, die wir nutzen könnten, die brachliegen und die wir uns nicht zutrauen, die uns begrenzen. Potentiale sind Stärken, Begabungen, potentielle Energie, Chancen. Es geht um Einzigartigkeit, um vorstellbare Möglichkeiten (für Freude), um das Vermögen, um Sinn, Kompetenz, um all das, was zur Verfügung steht, um Lebenskraft. Es ist die Verbindung mit unserer eigenen inneren Quelle, die Gewinnchance der Zukunft, Vorsteuergröße des Gewinn. Potentiale sind Hinweise auf unser Wesen, unser inneres Selbst, auf die Essenz unseres Seins. Sie zeigen den Weg zu unserer Lebensaufgabe. Es sind Frühwarnsignale, Lernchancen, manchmal sogar Probleme und Störungen. Potentiale sind das, was uns innen berührt.

Unternehmen entwickeln nachhaltige Einzigartigkeit und damit Lebensfähigkeit, wenn sie es schaffen, den Raum zur Entfaltung dieser Potentiale immer wieder auszuweiten. Den Raum größer machen, mehr umfassen, was bisher nicht dazu gehörte. Das ist das, was bei der Liebe vor sich geht. Angst ist zusammenziehen, einschränken, begrenzen und kontrollieren, Liebe ist ausweiten, größer werden, einbeziehen, noch hinzunehmen, was bis jetzt noch nicht da war. Diese Liebe hat nichts mit Lieb-Sein-Wollen zu tun, mit dem scheinheiligen Helfen-Wollen fehlverstandener kooperativer Führung, es ist genau das Gegenteil: Nur wer mit sich selbst zurechtkommt, sich selbst akzeptiert, zu sich steht und seinen Platz nicht verläßt, wer gelernt hat, sich selber zu lieben, kann diesen Raum weitergeben. Nur wer sich selbst vertraut, kann anderen „Vertrauen schenken".

Bisher war es üblich, in großen Beratungsgesellschaften, den Kunden einheitlich standardisierte Beratungskonzepte anzubieten. Leistungen, die in gleicher Weise erfolgen, egal, wer von den vielen Mitarbeitern des Beratungsunternehmens das Projekt führt und ausführt. Damit entsteht aber genau das Gegenteil von Einzigartigkeit. Einzigartige Menschen, seien sie begabt wie sie wollen, werden durch ein Schema von standardisierten Leistungen gepreßt, damit einheitliche Methoden und Vorgehensweisen herauskommen. Ohne Rücksicht auf die Individualität der Menschen. Hier zeigt sich die Chance unseres Netzwerkes. Nur dort, wo der Beratende selbst seine Einzigartigkeit vorleben kann, weil er Leistungen erbringt, die unvergleichbar sind zu denen seiner Kollegen, ist der Berater glaubwürdiges Vorbild für das, was er fordert. Jeder auf seinem Gebiet.

In der Situation zunehmenden Wettbewerbs wird dieser Vorteil individueller Einzigartigkeit als Beratungsleistung zum entscheidenden Wettbewerbsvorteil. Unternehmen, die individuelle Entfaltung nicht zulassen, haben keine Chance, hier nachzuziehen. Hier wird sich zukünftig Spreu vom Weizen trennen.

Wenn Sie, verehrte Leser, in diesem Buch in Berührung kommen mit den einzelnen Personen, die sich in ihren Kurzprofilen darstellen und sich in ihren Arbeitsberichten etwas ausführlicher zeigen, können Sie verstehen, was gemeint ist. Es ist genau der Grund, der uns veranlaßt hat, die Beiträge nicht inhaltlich oder sprachlich zu redigieren. Es ist gerade gewollt, daß jeder sich so darstellt, wie er ist, und damit den Partner anzieht, der zu ihm paßt. Je mehr Einzigartigkeit im Wettbewerb lebensnotwendig wird, desto notwendiger sind Netzwerke zur Ganzheitlichen Unternehmensberatung für unsere Wirtschaft.

Vierte Säule: „Unternehmens-Erfolg"-Leitfaden

Die volle Entfaltung der Einzigartigkeit in einem Netzwerk ist nur möglich, wenn man sich vorher eine gemeinsame Kommunikations- und Kooperationsbasis geschaffen hat. Hierzu dient "Unternehmens-Erfolg durch Einbeziehen der Mitarbeiter - Fit für die Zukunft in 100 Schritten". Es ist ein Kompendium, das Beratern und Beratenen hilft, ein ganzheitliches Unternehmenskonzept zu entwickeln. Dabei sind die Methoden Strategischer und Ganzheitlicher Unternehmensführung vereint und in kleine Schritte aufgespalten, um im Führungsteam Schritt für Schritt die einzelnen Erfahrungsstufen durchzugehen, und gleichzeitig die gewonnen Erkenntnisse immer wieder miteinander zu vernetzen. Die Mitarbeiter, die bei den Sitzungen des Führungsteams nicht dabei sein können, werden anschließend einbezogen, ihr Feedback fließt wieder in die nächste Arbeitsklausur. So arbeiten nach einem einfach strukturierten Verfahren alle im Unternehmen an der Entwicklung einer neuen Perspektive oder an der Lösung eines konkreten Problems zusammen.

Die Idee, mit „Unternehmens-Erfolg" einen Leitfaden zu entwickeln, der mittelständischen Unternehmen einen Weg zeigt, um spiralförmig durch vernetztes Denken zu einem Ganzheitlichen Konzept zu gelangen, entstand schon vor zehn Jahren. Vorausgegangen waren innovative Lösungskonzepte zur Strategie-Entwicklung Anfang der 70er Jahre (Ölkrise 1973). Hierzu zählen vor allem:

- die Strategie-Instrumente um das Portfolio von Dr. Arthur D. Little, Boston Consulting Group und McKinsey;
- das Konzept der Erfolgspotentiale als Vorsteuergröße für die Zahlen von Aloys Gälweiler und
- last not least die EKS von Wolfgang Mewes, um durch Konzentration auf das brennendste Problem der Zielgruppe die Energie zu erzeugen, die dem Unternehmen nachhaltigen Erfolg bringt.

In einer Zeit immer schneller werdender Veränderungen ist jede wichtige Entwicklung eine Stufe, auf der die Evolution zu einem neuen Entwicklungssprung ansetzt. Je innovativer die Konzepte sind, desto stärker ist offensichtlich der Anreiz, daran weiterzuentwickeln. So hatte ich mir folgende Ziele gesetzt:

1. Integration der drei obigen Ansätze zu einem „programmierten Vorgehen", das je nach Situation ein Unternehmen in eigener Regie oder mit fremder Unterstützung in pragmatischer Form durchführen konnte.
2. Eine Ganzheitliche Sicht sollte das Unternehmen wie die verantwortlichen Menschen als Leib-Seele-Geist-Einheit

behandeln und damit die „immateriellen Faktoren" von Mewes als Ausdruck von Seele (Gefühl) und Geist (Intuition) zur Unterstützung des Intellekts wieder in die Unternehmensführung integrieren.

3. Aus der Erkenntnis, daß nicht nur einige Führungskräfte, sondern alle MitarbeiterInnen Träger von Potentialen, von kreativen Ideen und von Lebensenergie für das Unternehmen sind, sollten alle Menschen im Unternehmen in den Prozeß von Strategieentwicklung und Sinnfindung einbezogen werden.

„Unternehmens-Erfolg" fußt auf einem Wirksystem von fünf Faktoren, die sich gegenseitig bedingen und so Schritt für Schritt interaktiv zu einem Ganzen werden:

1. Die Potentiale im Unternehmen. Es sind die individuellen Fähigkeiten von Menschen, die gleichzeitig dem Unternehmen Einzigartigkeit, den Menschen Sinn, Arbeitsfreude und Erfüllung ermöglichen. Diese Potentiale sind die Vorsteuergröße des Gewinns. Die Potentialanalyse zeigt die zukünftige Gewinnentwicklung lange, bevor sich diese in Zahlen messen läßt.

2. Zur Ausnutzung der Potentiale brauchen wir gemeinsam getragene Ziele, um die Kräfte zu bündeln. Zum Unternehmensziel gehören quantitative und qualitative Ziele, die zu unterscheiden sind. Quantitative Ziele sind erreichbar, qualitative Ziele nicht, nur annähernd. Werden sie deshalb in der Praxis immer vermischt, damit Ziele unerreichbar scheinen?

3. Der dritte Punkt in diesem Dreieck ist der Kundennutzen, der Potentialen und Zielen Sinn gibt. Es geht um das brennendste Problem der Zielgruppe. Bei Ganzheitlichem Denken wird der direkte Zusammenhang zur zukünftigen Renditenchance meßbar. Damit läßt sich erkennen, ob ein Unternehmen schwach ist oder gesund, lange bevor die Zahlen es zeigen.

4. Der strategische Engpaß ist die Blockade, die die Nutzung der Unternehmenspotentiale behindert. Die Strategische Bilanz macht diesen Engpaß deutlich und zeigt die zukünftige Lebensfähigkeit des Unternehmens. Das hermetische Gesetz „wie innen, so außen" läßt den Zusammenhang dieser Blockaden bei Mensch und Unternehmen erahnen.
5. Die Umsetzung dieser Erkenntnisse wird nicht durch fremde Beispiele gezeigt, sondern durch ein Verfahren, das hilft, geistige Bilder mit Energie aufzuladen und sie dann in machbare Schritte zu zerlegen. „Unternehmens-Erfolg" konzentriert sich auf ein einziges Beispiel: das eigene Unternehmen.

Wenn Menschen Träger der Potentiale sind, dann müssen es alle sein im Unternehmen, nicht nur ein paar Führungskräfte in der Spitze. Wenn nicht nur die Fingerabdrücke von jedem Menschen unterschiedlich sind, sondern auch seine Anlagen, seine Fähigkeiten, sein Wesen und seine Lebensaufgabe, dann kann jeder einzelne dazu beitragen, durch seine persönliche Einzigartigkeit immer wieder einen neuen Problemlösevorsprung für das brennendste Problem der Zielgruppe zu entwickeln und damit auch der eigenen Bestimmung näherzukommen. Wenn das geschieht, kommt neue Lebensenergie auf. Freude und Begeisterung schaffen Raum für neue Ideen, sie potenzieren die Chancen für Produktivität und Kreativität. Deshalb sind in dem „Unternehmens-Erfolg"-Leitfaden alle Instrumente in ihre fraktalen Bestandteile zerlegt, um mit Hilfe des dazugehörenden Moderationsleitfadens alle MitarbeiterInnen in wichtige Phasen einzubeziehen. Grundlage dazu ist die Anerkennung, daß jeder Mensch ein einzigartiges Wesen ist. Er ist die Quelle für die Einzigartigkeit des Unternehmens. Aber wer die Einzigartigkeit verlangt, muß Andersartigkeit tolerieren und Gleichwertigkeit aller Menschen tief innen empfinden. Auch der kleinste Mitarbeiter im Unternehmen ist wie der höchste Chef ein göttliches Geschöpf.

Das Unternehmen ist ein Organismus, der auf vier Ebenen lebt (Abbildung), von denen wir aber im Tagesgeschäft nur zwei wahrnehmen:

„Unten" auf einer Ebene der festen Materie, der Substanz, und darüber liegend, als deren Ursache, die Bewegung, in der alles im Fluß ist. Das ist der Leib des Unternehmens. Hier wirken Wissen und Intellekt.

Dann gibt es „oben" zwei Ebenen, die Ebene der Energie und die des Geistes. Die Energie-Ebene entspricht der Seele, hier nehmen wir Gefühle wahr, hier spüren wir Anziehungskraft und Abhängigkeit, es ist die Ebene, wo wir uns zwischen Angst und Liebe entscheiden. Darüber, als Ursache, ist die Geist-Ebene, nicht im Sinne von „mind", sondern von „spirit", die Ebene unserer Intuition, unserer inneren Stimme, unserer spirituellen Führung, die uns mit dem Ganzen verbindet.

In einem kompakten Ordner finden Sie sämtliche Bausteine von „Unternehmens-Erfolg" (440 A4-Seiten):
● Checklisten und Formulare führen in 100 Schritten zum Unternehmens-Konzept. Jeder einzelne ist in 20 bis 30 Minuten zu schaffen.
● Die Gebrauchsanweisung erläutert Schritt für Schritt in einfachster Weise. Die Zwischenergebnisse werden durch eine spezielle Zuordnung vernetzt.
● Der Werkzeugkasten erklärt die Instrumente. Von der Ausgangs-Analyse bis zur Strategischen Plan-Bilanz.
● Das Methodenbuch zeigt das Grund-Konzept. Die Hintergründe zu dem ganzheitlichen Unternehmens-Konzept.
● Der Moderationsleitfaden hilft, Ihre Mitarbeiter einzubeziehen, so daß am Ende alle die neuen Lösungen mitmachen.

Damit ist „Unternehmens-Erfolg" zu unserer gemeinsamen Arbeitsgrundlage geworden.

Das, was wir als Sinn erkennen

1 GEIST, spirit   Intuition

Das, was wir dabei empfinden, was es in uns auslöst

2 ENERGIE, Kraft   Gefühl

HINTERGRUND   WIRKLICHKEIT
oben   innere Erfahrungen

GUT UND BÖSE

unten   äußere Erfahrungen
OBERFLÄCHE   WIRKUNGEN

3 BEWEGUNG, Fluß   Intellekt
Das, was unsere Sinnesorgane wahrnehmen

---

4 MATERIE, Realität   Wissen
Das, was wir als Realität wahrnehmen

Das Vier-Ebenen-Modell des Unternehmens
nach R. Mann: „Die Neue Führung", Düsseldorf 1996

So, liebe Leserin, lieber Leser, jetzt haben Sie die vier Grundsäulen
- Netzwerk - Ganzheitlichkeit - Einzigartigkeit - Unternehmens-Erfolg - unseres virtuellen Unternehmens kennengelernt. Wir haben uns für unsere interne Zusammenarbeit auf ein Minimum von Regelungen beschränkt. Sie bestehen z.Z. nur in vier Punkten:

- Eine Vereinbarung, daß wir uns halbjährlich zu einer Klausur treffen,
- eine Regelung, wer in den nächsten Monaten die Koordination und Kommunikationsaufgaben zu welchen Kosten übernimmt,
- einen kleinen finanziellen „Topf", um unkompliziert gemeinsame Dinge realisieren zu können und
- der Vereinbarung, daß die Kündigungszeit einen Tag beträgt, weil wir uns gegenseitig nicht festhalten wollen.

Wir sind jetzt dabei, unsere gemeinsamen Erfahrungen zu machen. Wir wissen noch nicht genau, wo uns unser Unternehmen überall hinführen wird. Aber wir sind sicher, es ist ein spannendes Abenteuer. Vielleicht wird es in Kürze Partnerschaften mit anderen Netzwerken geben, mit unseren Kunden, vielleicht auch mit Meinungsbildnern und Entscheidungsträgern unserer Wirtschaft und Gesellschaft, die sich für neue Lösungswege geöffnet haben. Selbständigkeit für jeden einzelnen Menschen und die Verbindung zu dem Ganzen sehen wie Gegensätze aus. Aber geht es in unserer Zeit nicht gerade darum, Gegensätze zu verbinden?

Literatur:

- Mann, Rudolf: Das ganzheitliche Unternehmen, 6. Auflage Schäffer Poeschel Verlag Stuttgart 1995
- ders.: Unternehmens-Erfolg durch Einbeziehen der Mitarbeiter Fit für die Zukunft in 100 Schritten, 3. Auflage Korter 1995
- Mewes, Wolfgang: EKS, Energo-Kybernetische Managementlehre, Lehrgang, Frankfurt 1972-1976

Teil II   Die Mitglieder

Hermine
Bernhardt

Controlling ist ein faszinierendes Gebiet.
Die Theorien sind unerschöpflich.
Die Umsetzung in die Praxis hat ihren besonderen Reiz -
im wahrsten Sinne des Wortes.

Ich bin selbständige Beraterin für Controlling.
Vorher war ich im Bankenbereich tätig und leitete zuletzt den
Bereich Controlling.

Hermine Bernhardt
Im Weiber 12, D-65812 Bad Soden
Telefon: 0049 (0) 61 96 - 25 55 56, Fax - 6 28 50

Es ist eine Tatsache, daß Controlling unentbehrlich ist. Trotzdem gibt es bei der praktischen Umsetzung immer noch Probleme. Die größten Schwierigkeiten bereiten überholte Denkweisen. Diese grenzen ab und engen ein. Bei einem ständigen Wandel kann sich das keiner mehr leisten.

Controlling ist ein ganzheitliches Thema und braucht Offenheit. Die Führungskräfte und Mitarbeiter/innen müssen heute Verantwortung und Selbstverantwortung für ihre Entscheidungen und das Ergebnis daraus übernehmen. Dafür müssen Vertrauen und Selbstvertrauen, Selbstwertgefühl und Selbstbewußtsein gefördert werden.

Aus meiner langjährigen Erfahrung heraus weiß ich, wie wichtig es ist, auch hinter die Zahlen zu schauen. Ich lege größten Wert auf einen ganzheitlichen Ansatz. Nur so können Potentiale erschlossen und genutzt werden. „Schlummernde" Fähigkeiten tragen nicht zum Gewinn bei.

Für jede Bank ist es eine Herausforderung, ein effizientes Controlling zu haben. Genau so sollten Banken daran interessiert sein, daß das Controlling ihrer Kunden ihren Anforderungen gerecht wird. Es würde manche Entscheidung (z. B. bei der Kreditvergabe) erleichtern.

Bernhard Berning

Jahrgang 42, ist Logistik-Berater. Seine Spezialitäten sind „Kostensenkung und Optimieren der Unternehmens-Logistik" sowie „Strategieentwicklung in der unternehmens-übergreifenden Logistik-Kette."
„In der Logistik liegen die höchsten Kosten-Reserven!
Service und Qualität lassen sich deutlich steigern!
Möchten Sie Ihre Logistik-Kosten senken?
In einem Logistik-Kurz-Check-Up ermittele ich für Sie kurzfristi-ge Möglichkeiten mit ROI/1 Jahr sowie mittel- und lang-fristige Strategien."

Ing. BERNHARD BERNING CONSULTING
Unternehmensentwicklung
Heidecker Str. 1, D-90451 Nürnberg
Tel. 0049 (0) 9 11 - 6 49 45 37 Fax - 6 49 39 16

„In welchen Bereichen wollen Sie Ihre Logistik-Kosten senken, die Effizienz steigern?

- Beschaffung, Bevorratung
- Transporte, Bestände, Lagerkapazitäten;
- Durchfluss, Gestaltung, Qualität;
- Distribution, Kundenservice;
- Unternehmens-übergreifende Strategien (ECR).

Hierüber gibt es von mir ein praktisches Seminar!
Globale, schneller werdende Märkte erfordern eine schnelle, flexible Logistik und Qualität für den Kunden. Dies bedingt innovative, ganzheitliche Logistik-Konzepte, neue Formen der Zusammenarbeit und übergreifende Projektkoordination. Unternehmen dabei zu unterstützen, ist meine Aufgabe!"

Erfahrungen: ich studierte Maschinenbau, durchlief Fortbildungen in BWL, VWL, Strategischem Controlling, Arbeitswissenschaft, Organisation (Lehrbefähigung), ganzheitliche Unternehmens-Führung, Qualitäts-Management und verfüge über langjährige Erfahrung in Industrie, Handel und Dienstleistung. In Leitungsfunktionen führte ich Logistik- und Optimierungs-Projekte, u.a. in europäischen Ländern, der GUS und Fernost durch, initiierte Projekte, wählte Berater und Mitarbeiter aus und war Projektkoordinator in Logistik-Grossprojekten. Meine Engagements in der Unternehmens-Logistik und -Strategie machten mich zum Dialogpartner von Vorständen und Geschäftsführern.

In der Berater-Funktion setze ich meine praktischen Erfahrungen als Gesprächspartner für Unternehmens-Führungen und zur Entwicklung durchgängiger Logistik-Konzepte für die Kostensenkung und die Kunden-Orientierung ein. Zum Thema führe ich auch Moderationsprozesse im Führungsteam durch.
Als Selbständiger arbeite ich zusammen mit dem Netzwerk „Unternehmens-Erfolg" und weiteren Partnern: Fachausschuss Handel-Logistik, Logistik-Verbände, Beraterkreis Qualitäts-Management, Referent Führungskräfte-Akademie, Strategie-Leistungsgemeinschaft.

Siegfried Buselmeier

Jahrgang 1941, Industrie-Kaufmann, langjähriger Praktiker in Vertrieb und Handel. Seine Erfahrungen in Vertrieb und Handel und die als Vertriebsleiter und Geschäftsführer von Unternehmen und Organisationen in Deutschland, Österreich, Ungarn und Tschechien sind wichtige Voraussetzungen für die Aufgabe als Berater.

Mut zu machen, Denktrampelpfade zu verlassen, und so, auch in hart umkämpften Märkten Erfolg zu haben, das ist mein Hauptanliegen, für das es sich lohnt, „Schöpfungskonzepte" zu entwickeln und „Neue Wege" zu gehen.

Siegfried Buselmeier
Im Hof 248, A-5310 Mondsee
Telefon + Fax 0043 (0) 62 32 - 41 80

Seit zehn Jahren ist er Coach und Moderator des ganzheitlichen Unternehmensgestaltungskonzepts „Unternehmens-Erfolg durch Einbeziehen der Mitarbeiter", das von Rudolf Mann entwickelt wurde, mit dem er ebenso lange zusammenarbeitet.

Weit über 100 Unternehmen hat er bei der Durchführung und Neuentwicklung der Unternehmenskonzepte begleitet. Das Coaching von Teamaufgaben gehört in gleichem Umfang zu meinem Angebot.

Die Überwindung vorhandener Barrieren und die Entwicklung des Bewußtseins der Menschen, für ihre Aufgaben und Fähigkeiten, sind ihm wichtige Zielsetzungen, die in der Erkenntnis begründet sind:

„Nur Menschen sind der wahre Schlüssel zum Erfolg!"

Jens
Hennings

Erfolg bedeutet für mich:
Mit dem eigenen Leben klarzukommen. Entwicklungschancen zu entdecken und zu nutzen. Verantwortung für die
eigene Situation zu übernehmen. Nutzen zu bieten. Neugierig
und lernbereit zu bleiben und immer wieder aufzubrechen
(ohne Sorge loszulassen zu können).
**Alle für Veränderungen notwendigen Ressourcen sind in
den Organisationen und den Menschen vorhanden.**
In effektiven Beratungen geht es mir darum, diese Ressourcen
bewußt und nutzbar zu machen, damit die Kunden den Weg in
ihre erwünschte Zukunft erfolgreich selbständig gehen können.

Dipl.-Ing. (TU) Jens Hennings
Stolzenbergring 20, D-30657 Hannover
Telefon 0049 (0) 511 - 604 26 26, Fax - 606 26 26

Voraussetzung für meine Aufgabe ist die Einbindung in einem Netzwerk von Professionals, um im Bedarfsfall die notwendige Kapazität und das erforderliche Know-how bereitstellen zu können.

Themenschwerpunkte: Gestalten organisationaler und persönlicher Veränderungsprozesse
- Management of Change
- Transformation zu einer lernenden Organisation
- Arbeit an und mit Visionen
- Praxisorientiertes Intervalltraining für Führungskräfte

Coachen von Teams und Einzelpersonen, Reflexionsgruppen für Führungskräfte, Streßabbau, Das gesunde Unternehmen

Stichworte zur Arbeitsweise:

Teams und Einzelpersonen in einem lebendigen Lern-Prozeß unterstützen, um
- die eigene Situation zu klären,
- die Vielfalt der eigenen Ressourcen zu entdecken,
- Visionen zu erarbeiten,
- die eigenen Ziele zu finden und zu erreichen,
- Strategien und Kompetenzen zu entwickeln und anzuwenden.

Jens Hennings, Dipl.-Ing. Maschinenbau, TU Braunschweig:

- 21 Jahre leitende Tätigkeit in einem Automobilkonzern: Forschung & Entwicklung, Qualitätssicherung, Personalwesen, davon drei Jahre im Ausland, seit 1990 Managementberater und Coach für Teams in diesem Unternehmen
- Heute selbständig als Berater für organisationale und individuelle Lern- und Veränderungsprozesse
- Abgeschlossene Ausbildungen und Praxis als Gruppenleiter am *International Workshop Institute for Living Learning*, in NLP und *systemischer Organisationsberatung*
- Heilpraktiker
- Lehrbeauftragter an der TU Braunschweig für Coaching und lernende Organisation

Hans-Jürgen John

Wenn wir versuchen, ehrlich mit uns umzugehen, können wir m.E. die Erkenntnis nicht umgehen: „Meine heutige Situation ist das Ergebnis meiner früheren Gedanken." Infolgedessen brauchen wir in den Firmen eine Kultur für den konstruktiven Umgang mit Fehlern. Mitarbeiter, die dem Druck der Unfehlbarkeit unterliegen, verkrampfen und nutzen nur noch einen geringen Teil ihrer Potentiale, zum Nachteil aller Beteiliegten. Wenn es gelingt, die volle Verantwortung für unser Handeln zu übernehmen, ist dies ein Riesenschritt zur Erweiterung unserer Handlungsmöglichkeiten mit dem Netzwerk und in eine erfolgreiche Zukunft.

® act Arbeitsgemeinschaft Creative Communication & Trainings
Im Strehling 11, D-64342 Seeheim-Jugenheim
Tel. 0049 (0) 6257 - 69424, Fax - 69199, Handy 0171 - 4 52 27 29

Persönliches Motto:
Nicht in Problemen, sondern in Lösungen denken!

Jahrgang 1956, verheiratet, drei Kinder

**Evangelischer
Theologe
(cand. theol.)**   Studium in Göttingen und Tübingen

Diplom-Sozialarbeiter
                             Studium an der Evangelischen
                             Fachhochschule in Darmstadt

**Berufspraxis als
Sozialarbeiter**   3½ Jahre Jugendgerichtshilfe beim
                             Stadtjugendamt in Darmstadt:
                             Wahrnehmung von Jugendgerichts-
                             verfahren aller Instanzen sowie
                             Einzel- und Gruppenarbeit mit
                             besonders gefährdete Jugendlichen

**Lehrauftrag an der
Ev. Fachhochschule
Darmstadt**   Sommersemester 1985 - 1987

**Berater bei MLP
Finanzleistungen AG**   1988 bis 1996

Trainer bei MLP   Mitarbeiter im Arbeitskreis
                             Immobilienfinanzierung,
                             Entwicklung von Trainings-Konzepten
                             für Einführungs- und Vertiefungsstufen
                             im Bereich Immobilienfinanzierung

Jetzt   freiberuflicher Verkaufstrainer und
                             Berater

Christel
Krug

Meine Kompetenzen:
(Jg. 1955), Lehre als Industriekauffrau, betriebswirtschaft-
liche Ausbildung, langjährige Tätigkeit als kaufmännische
Leiterin eines Werkzeugmaschinen-Herstellers.
Klin. Psychologin, Supervisorin (BDP), Weiterbildung als Orga-
nisationsberaterin bei Gerhard Fatzer und Wolfgang Loos
(TRIAS).
Seit 1988 selbständig als Beraterin und Trainerin - schwer-
punktmäßig für Klein- und Mittelbetriebe.

Büro für Ganzheitliche Unternehmensentwicklung
Niederurseler Landstraße 44, 60439 Frankfurt
Tel. 0049 (0) 69- 95 73 20 82, Fax: - 95 73 20 83

Mein Angebot
- Ganzheitliche Unternehmensstrategien
- Organisationsentwicklung
- Moderationen
- Supervision
- Teamentwicklung
- Konzeption und Realisierung von Seminaren
- Einzelberatungen

Meine Arbeitsweise:
Ich erarbeite gemeinsam mit Ihnen die Zielsetzungen einer Beratungsmaßnahme. Sie entscheiden, worin Sie unterstützt, beraten oder trainiert werden wollen und was Sie selbst übernehmen können. Ich betrachte Sie und Ihre Mitarbeitenden als die Hauptakteure in einem Veränderungs- und Wachstumsprozeß, die mit meiner Begleitung Strategien für den Erfolg ihres Unternehmens entwickeln. Auch bei der Umsetzung lasse ich Sie nicht alleine.

Meine konzeptionellen Grundlagen:
Aus der systemischen Perspektive richte ich den Blick auf die Ganzheit Ihres Unternehmens und dessen Umfeld. Die humanistische Psychologie hilft mir, Ihre einzelnen Mitarbeitenden mit ihren Potentialen zu sehen und in ihrer Entwicklung zu unterstützen. Aus dem ganzheitlichen Ansatz von Rudolf Mann verwende ich betriebswirtschaftliche Instrumente. Damit kann ich das Geschehen hinter Ihren Zahlen erfaßbar und beeinflußbar machen.

Dr. Bernhard Mack

Ein einziger Gedanke
kann die Produktivität Ihres Betriebes
um ein Vielfaches steigern.

Ein einziger Gedanke an der richtigen Stelle, eine einzige
Idee zum richtigen Zeitpunkt, kann Ihnen über Jahre riesigen
Gewinn einbringen. Ein einziger Gedanke nicht gedacht,
kann einen Verlust in Millionenhöhe nach sich ziehen.
Manchmal stehen wir halt nur auf der Leitung.
Gezielte Impulse von außen ermöglichen, daß wir unseren
Fuß von der Leitung nehmen und unser Ideenreichtum
freigesetzt wird. Plötzlich sieht die Situation völlig anders aus.

Dr. Bernhard Mack, Dipl.-Psychologe
Gerberau 44, 79098 Freiburg
Telefon: 0049 (0) 7 61 - 25 204, Fax - 25 402

Der Produktionsfaktor Nr.1 ist Ihre Kreativität und die optimale Kommunikation innerhalb Ihres Betriebes.
Fachkundige Unterstützung biete ich Ihnen

- bei der Effektivierung Ihrer Kommunikationsprozesse (inner- undaußerbetrieblich auf systemischer Grundlage),
- bei der Freisetzung Ihrer Intuition, Ganzhirnigkeit und Kreativität für neue Produktideen und Produktionsverfahren,
- bei der Nutzbarmachung der optimalen Potentiale der einzelnen Mitarbeiter und der betrieblichen Struktur,
- bei der Beschleunigung des Austausches von menschlichen und materiellen Ressourcen, Vernetzung von Information und Können.

Unternehmensberatung ist Vernetzungsunterstützung, und zwar mental in den Gehirnen, in den Herzen und gesamtwirtschaftlich. Ich arbeite dabei
a) mit leicht nachvollziehbarem Handwerkszeug
und auch
b) mit ungewöhnlichen Methoden.

Nach der Erhebung der Bedarfsanalyse, d.h. Ihrer Frage- und Problemstellungen, entwickle ich mit Ihnen ein individuelles, auf Ihren Betrieb spezifisch zugeschnittenes Konzept. Meist ist nach einer ersten ganztägigen Sitzung der zentrale Knoten geplatzt und die Innovationsdynamik nimmt ihren produktiven Verlauf.

Nach jeweils einigen Wochen kommen wir noch einmal für einen Tag zusammen, werten die Erfahrungen aus, planen weitere Innovationsstrategien. Da ich Ihnen und Ihren Mitarbeitern dabei auch das Know-how der Kreativitätssteigerung vermittele, können Sie nach einiger Zeit die "Innovationssteigerungsspirale" selbst in die Hand nehmen.

Dr. Rudolf Mann

ist Vorreiter im Entwicklungsprozeß vom Controlling zum Neuen Bewußtsein.

Nach Studium und Assistentenzeit am Institut für empirische Forschung bei Prof. Eberhard Witte war er fast 20 Jahre im oberen Management von Mittel- und Großunternehmen (PWA, Oetker-Gruppe und Philips), bevor er 1984 in Mannheim seine Beratungspraxis gründete. Seitdem ist die „Neue Orientierung für die Führung" seine Aufgabe.

Dr. Rudolf N. Mann, Neue Orientierung für die Führung
Heinrich-Heine-Str. 15, D-68199 Mannheim
Telefon 0049 (0) 621 - 81 84 12, Fax - 82 47 21

Er berät, moderiert und begleitet Unternehmen auf ihrem Weg vom mechanistischen zum ganzheitlichen Denken und Handeln, wo Menschen nicht nur mit dem Intellekt, sondern wieder mit Gefühl und Intuition ihre Mitarbeiter führen. Durch Symbiose von Strategischem Management und Neuem Bewußtsein unterstützt er die Unternehmensführung, vor allem an Wendepunkten der Entwicklung, den Durchbruch zu neuen Perspektiven zu bewältigen. Eine neue Realität auswählen, um sie gemeinsam mühelos zu verwirklichen.

Durch Einbeziehung der Mitarbeiter in die Veränderungsprozesse werden die brachliegenden „Mozart-Fähigkeiten" aller mobilisiert und dadurch wieder Kräfte frei, die scheinbar Unmögliches schaffen. Produktivität und Kreativität steigen nicht um Prozente, sondern um ein Vielfaches. Die Verbindung mit der eigenen Quelle vereint die bisherigen Gegensätze Unternehmenserfolg und persönliche Erfüllung zu einem Ganzen.

Neben der Moderation und Betreuung von Führungskräften hält er Vorträge und Seminare. Er ist Verfasser von zahlreichen Aufsätzen und 10 Büchern, u.a.:
- DIE NEUE FÜHRUNG - Vom Kampf um Anerkennung zum authentischen Sein, 1996
- DIE FÜNFTE DIMENSION IN DER FÜHRUNG - Quelle für Produktivität und Kreativität in Unternehmen, 1993
- DAS VISIONÄRE UNTERNEHMEN - Weg zur Vision in zwölf Stufen, 2. Auflage 1992
- BEWUSSTSEIN IM BERUF - Lebenssinn und Erfüllung in zehn Stufen, 3. Auflage 1995 (Der ganzheitliche Mensch)
- CONTROLLING FÜR EINSTEIGER - Rezeptbuch zum Selbstaufbau eines Gewinn-Steuerungssystems,
- mit E. Mayer, 6. Auflage 1993
- DAS GANZHEITLICHE UNTERNEHMEN - Die Umsetzung des neuen Denkens in die Praxis, 6. Auflage 1995

und der Leitfaden zum Selbermachen:
- UNTERNEHMENS-ERFOLG durch Einbeziehen der Mitarbeiter - Fit für die Zukunft in 100 Schritten, 3. Auflage 1995

Markus Matt

Im Jahr 1990 gründete ich mein **Büro für ganzheitliche Unternehmensberatung,** zuerst nur als Nebenbetrieb und seit 1994 als Hauptbeschäftigung in Bürogemeinschaft mit einem Wirtschaftstreuhänder.

Mein Beratungsverständnis:
- Einbeziehung der betroffenen Menschen in die Prozesse soweit irgendwie möglich
- Einbindung von Beraterkollegen (Netzwerkmitglieder) um das jeweils erforderliche Know-how sicherzustellen
- Ich arbeite wenn immer es möglich ist im Team

A-6890 Lustenau, Philipp-Krapf-Str. 31
Tel. 0043 (0) 5577- 89632 Fax: - 89 63 26 oder
A-6830 Laterns Nr. 186, 0043(0) 55 26- 261

Mein Angebot:

- Begleitung (Moderation) von Unternehmenserfolg-Strategie-Konzepten in folgenden Situationen:
  - Neuausrichtung von Unternehmen u. Organisationen
  - Gründung von Unternehmen
  - Fusionierung
  - Sanierung von Unternehmen - Krisenbewältigungen

Dabei stütze ich mich auf die Werkzeuge von „Unternehmens-Erfolg" nach   Rudolf Mann.

- Planung und Implementierung von Controllingsystemen in Klein - und Mittelbetrieben.
- Beratungen im Zusammenhang mit der Optimierung der Rechtsform in steuerlicher, gesellschaftsrechtlicher und sozialversicherungsrechtlicher Sicht.

Zu meiner Person:

Jahrgang 1957, verheiratet, drei Kinder

Ausbildungsweg:
- Ausbildung zum Bankkaufmann (Sparkassensektor)
- Bilanzbuchhalterausbildung (WIFI)
- Controllingausbildung (Wirtschaftstreuhänderakademie)
- Psychologischer Berater (Prof. Dr. J. Sauter, Göppingen)
- Trainer für Autogenes Training (Prof. Sauter, Göppingen)
- Ausbildung für geistige Heilweisen (Prof. Sauter, Göppingen)
- Ausbildung zum Unternehmensberater mit staatlicher Prüfung

Beruflicher Weg:
- Angestellter in einer Sparkasse (9 Jahre)
- Leiter Rechnungswesen für eine ERFA-Gruppe Gastronomie (2Jahre)
- Angestellter in einer Wirtschaftstreuhandkanzlei (6 Jahre)
- Angestellter in einem Unternehmensberatungsbüro (2 Jahre)
- Angestellter in einer WT-Kanzlei - Teilzeit (4 Jahre)

Fredy
Moser

Ich heisse Fredy Moser und wurde am 6. November 1958 geboren. Seit 1986 bin ich eidg. dipl. Bücherexperte. Nach langjähriger Erfahrung in der Wirtschaftsprüfung, Steuer- und Organisationsberatung wirke ich heute vor allem als Berater und Coach im operativen sowie strategischen Controlling für Klein- und Mittelbetriebe (Industrie und Handel) in Biel/Bienne (zweisprachige Region Deutsch/Französisch).

FIDUCO AG, Mattenstrasse 135, CH-2501 Biel
Tel. 0041 (0) 32 - 366 50 00, Fax - 366 50 10
FIDUCO AG, CH-2501 Biel-Bienne, rue des Prés 135,
tél. 032 366 50 00, fax 366 50 10)

Im Jahre 1991 haben Jean-Paul Corbaz, André Rettenmund und ich gemeinsam die Fiduco Holding AG gegründet. Die Fiduco Treuhandgesellschaft für Industrie und Handel AG (gegr.1962) sowie die Adasco Treuhand AG (gegr. 1990) sind je zu 100 % Tochtergesellschaften. Die Fiduco AG konzentriert sich auf die Wirtschaftsprüfung, die Steuerberatung und ist - wie die Adasco AG - im operativen sowie strategischen Controlling der zuständige Spezialist.

Die Zielgruppe der Fiduco AG sind kleine und mittlere Unternehmen. Jene der Adasco AG sind die Kleinbetriebe. Beide Gesellschaften sind in der zweisprachigen Region Biel im Kanton Bern ansässig. Der Kundenkreis setzt sich aus verschiedensten Wirtschaftszweigen der Industrie und dem Handel zusammen. Zum heutigen Zeitpunkt beschäftigen beide Firmen insgesamt 24 Mitarbeiter und Mitarbeiterinnen.

....

Je m'appelle Fredy Moser, et suis né le 6 novembre 1958. Expert-comptable diplômé depuis 1986, je me suis orienté vers le controlling après plusieurs années de pratique dans la révision, les conseils en matière fiscale et l'organisation. Aujourd'hui, je suis, au premier chef, conseiller en controlling, tant opératoire que stratégique, pour des petites et moyennes entreprises de l'industrie et du commerce.

En 1991, Jean-Paul Corbaz, André Rettenmund et moi-même avons fondé ensemble Fiduco Holding SA, dont Fiduco, Fiduciaire pour l'Industrie et le Commerce SA (fondée en 1962) et Adasco Fiduciaire SA (constituée en 1990) sont les sociétés-filles à 100 %. Fiduco SA centre son activité sur la révision et les conseils en matière fiscale tout en étant - comme Adasco SA aussi - un spécialiste en controlling opératoire et stratégique. Etablissements ciblés par Fiduco : les petites et moyennes entreprises; par Adasco : les petits commerces. Les deux sociétés ont leur siège dans la région bilingue de Biel-Bienne, dans le canton de Berne. Les clients appartiennent aux branches les plus diverses de l'industrie et du commerce. A l'heure actuelle, les deux fiduciaires occupent ensemble 24 collaborateurs et collaboratrices.

Holger
Münter

Grüß Gott,

an Sie, liebe Kundin, lieber Kunde, wende ich mich als Ihr potentieller Partner. Gemeinsam erreichen wir Ihre Ziele, gehen Ihren Weg so, daß es Sinn für Sie macht, Geld und Zeit für ein Training zu investieren. Meine Trainings wollen das Potential und die Persönlichkeit der Teilnehmer entfalten.

Fordern Sie ein konkretes Angebot an. Jetzt!

Holger Münter ◆ Training und Beratung
52499 Baesweiler, Alexanderstr. 5
Telefon: 0049 (0) 2401-73 75 Fax: - 88 77 3

Was hinter uns liegt und was vor uns liegt, sind winzige Angelegenheiten, im Vergleich zu dem, was in uns liegt. William Morrow

Guten Tag,
darf ich mich Ihnen vorstellen?
Lebendige, praxisorientierte Trainings in gegenseitiger, wert-schätzender Partnerschaft sind mein Angebot an Sie, lieber Kunde. Motto: *Lernen durch Erleben.* Mein Angebots-spektrum ist klein und konzentriert sich auf die Bereiche:

- Kommunikationstraining/Rhetorik
- Führungs- und Verkaufstraining
- Team- und Konflikttraining
- Problemlösungsworkshops
- Persönliches Coaching

Im Verbund der Netzwerkpartner „Unternehmens-Erfolg" wird mein Angebot erweitert. Differenzierte und qualifizierte Inno-vationen können Ihre Problemlösung in verschiedenen Positionen bereichern.

Holger Münter, zur Person: Ich gelte als Trainer der neuen Generation, d.h. ich vereinige betriebliche Praxis und wissen-schaftliches Hochschulstudium in meiner Person. Einige wichtige Stationen in meinem beruflichen Leben:

- Jahrgang 1945
- Elektroinstallateur, Elektronikmeister und Soldat
- Studium der Pädagogik, Psychologie und Soziologie mit dem Abschluß Dipl.Päd.
- Referent für Weiterbildung
- Weiterbildung in verschiedenen psychologischen Bereichen und Schulen
- selbständig seit 1986
- zahlreiche zufriedene Kunden als Referenz z.B. Mitsubishi, Warner Music Europe, EAM Kassel

→ Ihr Vorteil
- hoher Qualitätsstandard im Training
- angemessenes Preis-/Leistungsverhältnis
- Ihr Erfolg ist mein Maßstab! Testen Sie mich!

Walter K.
Saile

Ein herzliches "Grüß Gott",

liebe Kundin, lieber Kunde, Partner des Erfolgs. Nur erfolgreiche Menschen schaffen erfolgreiche Unternehmen. Wirtschaftliche Motive verfolgen wir im Einklang mit den Naturgesetzen. Das gibt dem Unternehmen und den Menschen darin Sinn. Der Beitrag jedes einzelnen zu diesem Prozeß kann nicht genug beachtet werden. Nichts, was besteht, ist so gut, daß es nicht verbessert werden kann. Und niemand hat so viel erfahren, daß er nicht noch dazulernen kann. In diesem Sinne bin ich Ihr

---

Walter K. Saile Trainer der Wirtschaft Ihr Partner und Berater
Institut für **K**ommunikation, **M**otivation, **M**enschenführung
IKMM D-88079 Kressbronn/Bodensee - Zum Berger Weiher 5
Telefon + Fax: 0049 (0) 7543 - 5305

Gestatten,

Walter K. Saile, humanistisch geprägter Lindauer und 54 Jahre jung, MOTIVIERT und BEGEISTERT Sie und Ihre Mitarbeiter für die Aufgaben in unserer sich schnell entwickelnden Zeit. Ich studierte Pädagogik, Psychologie und Philosophie und sammelte nach dem Studium Berufserfahrung in einem großen Handelskonzern und als Leiter der Ausbildung in einer mittelständischen Unternehmensgruppe im Kaufhaussektor.

Nach mehreren Jahren Lehrtätigkeit als Lehrer und Dozent u.a. für den Fachbereich Wirtschaftslehre gründete ich 1978 das Institut für Kommunikation, Motivation, Menschenführung IKMM als Partner für Handel, Industrie, Dienstleistung und Staat. Mein Institut ist als Träger der Erwachsenenbildung anerkannt.

In den von mir entwickelten Motivationsseminaren nach § 41 a AFG trainierte ich mit meinen Mitarbeitern in zehn Jahren mehrere tausend Menschen aus allen Berufsschichten und begleitete sie bei der Rückkehr ins Berufsleben.

Erfolgreich berate und trainiere ich Menschen auf allen Ebenen der Unternehmung in **Kommunikation, Motivation, Führung und Verkauf.**

Bewußtsein im Beruf und die Förderung des menschlichen Potentials in Beruf und Privatleben, die Aktivierung der motivierenden „weichen" Erfolgsfaktoren, die Platz schaffen für Kreativität und Intution zum Wohle aller Beteiligten, sind mir ein besonderes Anliegen.

Ich freue mich auf Sie!

Unsere Sache ist die Motivation

Ulrich
Wilke

Sehr geehrte Leser!

Kommunikation ist wie der Bau einer Brücke!
Sind Sie ein kompetenter Brückenbauer?
Wie sind Ihre Brücken zu Ihren Kunden, zu Ihren Mitarbeitern,
zu Ihren Kollegen, zu Ihren Vorgesetzten?

Sind die Brücken tragfähig? Rollen über diese Brücken Ideen,
Visionen, Projekte und vor allem Produkte Ihres Unternehmens
zu Ihren Kunden?

Diplom-Ingenieur (TU) Ulrich Wilke
Grenzstraße 67, 47799 Krefeld
Telefon: 0049 (0) 21 51 - 53 88 55 Fax: - 53 88 56

Je nach Beschaffenheit der gegenüberliegenden Seite und der zu überbrückenden Schlucht oder Fluß braucht man verschiedene Baumaterialien, wie z.B. Holz und Seile für eine flexible Hängebrücke, oder Beton und Asphalt für eine starre Brücke.

Wie sieht der Vorrat Ihrer Baustoffe aus, welche Materialien haben Sie zur Verfügung? Stein, Zement, Stahl, Kunststoff, Holz, Beton?

Nur Sie selbst können Ihre Brücken nach Ihren Bedürfnissen errichten. Das nimmt Ihnen keiner ab!

Ich helfe Ihnen gerne beim Entwurf. Darüber hinaus liefere ich Ihnen die Baumaterialien, zu einem kleinen Teil schon vorgefertigt und bereit, diese individuell auf Ihre Bedürfnisse anzupassen, direkt frei Haus.

Und damit Ihre Brücken keine Spannungsrisse im Wechsel der Jahreszeiten bekommen, begleite ich Sie gerne auch über die Bauphase hinaus als Ihr Partner.

Das Fundament für meine Brücke zu Ihnen ist:
Ich bin 1959 geboren, habe nach meiner Lehre als Industriekaufmann und anschließender Vertriebstätigkeit ein Studium der Verfahrenstechnik an der Technischen Universität abgeschlossen.

Der Faszination des Vertriebes folgend, arbeitete ich sechs Jahre im Verkauf von Investitionsgüter für die chemisch und pharmazeutische Industrie.

Seit 1996 bin ich ausgebildeter Trainer im Bereich Management-Kommunikation und Vertrieb. Als ganzheitlicher Coach bin ich Ansprechpartner für Ihre Lösungen.

Ihr Erfolg in und für Ihr Unternehmen durch
'wahr'-haftige Kommunikation

Teil III   Die Arbeitsweise

Hermine Bernhardt
Controlling -
eine permanente Herausforderung
am Beispiel der Bank

Es ist unbestritten, daß Controlling in den meisten Banken heute eine zentrale Säule des Managements ist. Es bietet mit adäquaten Führungs- und Steuerungsinstrumenten eine Entscheidungsgrundlage. Für die Entscheidungsträger, für diejenigen, die die Instrumente nutzen können und wollen, sind sie nicht mehr wegzudenken. Im Gegenteil: Es werden immer neue Anforderungen an den Controller gestellt. Die Daten und Ergebnisse sollen aktuell und möglichst noch auf die Zukunft projiziert sein. Die Konzepte, sei es auf der Ertragseite oder im Kostenbereich, sehen immer detailliertere Zurechnungen vor. Die Wünsche der Bereiche sollen erfüllt werden. Aktuelle Themen wie Prozeßkostenrechnung, Verrechnungspreise, Risikomanagement, Benchmarking usw. werden einbezogen. Es wird in Datenverarbeitung und Personal investiert. Die Thematik ist interessant und schier unerschöpflich.

Trotzdem klingt beim Thema Controlling noch Unzufriedenheit auf allen Ebenen mit. Das zeigt, daß noch Klärungsbedarf vorhanden ist, um Controlling so effizient werden zu lassen, wie es sein kann.

Check-up der Situation
Um vorhandene Unzufriedenheiten ausräumen zu können, ist zunächst die aktuelle Situation des Controlling bewußt zu machen. Mittels eines Check-ups werden die momentanen Stärken und Schwächen des Controlling herausgearbeitet. Die Fragestellung bezieht sich auf die Akzeptanz und die Stellung des Controlling in der Bank. Davon hängt letztlich auch die Nutzung der Führungs- und Steuerungsinstrumente ab. Die Fragen richten sich an die Geschäftsleitung, den

Bereich Controlling und an alle Bankbereiche. Die Antworten werden mit Punkten bewertet, um ein Gesamtbild zu bekommen.

Fragen an die Geschäftleitung:

1. Ist Controlling in unserem Hause wirklich gewollt (auch wenn es schon vorhanden ist)?
2. Steht die Geschäftsleitung voll hinter „ihrem" Controlling?
3. Sind die Führungs- und Steuerungsinstrumente Grundlage für Entscheidungen?
4. Ist sichergestellt, daß die Stellungnahme des Controlling bei zu treffenden Entscheidungen eingeholt wird?
5. Werden Konsequenzen aufgrund der Erkenntnisse aus den Führungs- und Steuerungsinstrumenten gezogen?
6. Wird Controlling über Entscheidungen informiert?
7. Kann Controlling von sich aus agieren, ohne Restriktionen befürchten zu müssen?
8. Ist Controlling ein lebendiger Prozeß?
9. Wird Controlling als „Muß" oder „notwendiges Übel" empfunden?
10. Ist Controlling nur „Zahlenlieferant"?
11. Wird Verantwortung delegiert?
12. Werden die Ergebnisse mit den Verantwortlichen besprochen?
13. Wird z. B. der Planungsprozeß ernst genommen?
14. Kann das Controlling, so wie es ist, akzeptiert werden?
15. Wird Offenheit praktiziert?

Fragen an das Controlling:

1. Ist Controlling als Servicebereich leistungsfähig?
2. Entsprechen die Führungs- und Steuerungsinstrumente den Anforderungen des Managements?

3. Entsprechen die Führungs- und Steuerungsinstrumente den Bedürfnissen der Nutzer?
4. Können die Führungs- und Steuerungsinstrumente schnell den aktuellen Situationen angepaßt werden?
5. Sieht sich der Bereich als „Zahlenlieferant"?
6. Lösen die Erkenntnisse aus den Führungs- und Steuerungsinstrumenten weitere Aktivitäten aus?
7. Ist eine Resonanz der Fachabteilungen da?
8. Ist die Personalausstattung qualitativ und quantitativ vorhanden um agieren und reagieren zu können?
9. Ist der Bereich flexibel und reagiert von sich aus auf Veränderungen?
10. Lassen die benötigten Entscheidungen zu lange auf sich warten, um agieren zu können?
11. Können mit den Datenverarbeitungsmöglichkeiten die Anforderungen, die an das Controlling gestellt werden, erfüllt werden?
12. Ist die Unterstützung der Datenverarbeitung gewährleistet?
13. Werden neue Instrumente mit den Fachabteilungen erarbeitet?
14. Werden neue Instrumente wirksam eingeführt?
15. Wird mit den Fachabteilungen ausreichend kommuniziert?
16. Werden Konflikte offen ausgetragen?
17. Wird immer eine Lösung gefunden?
18. Haben die MitarbeiterInnen das Gefühl, daß Controlling in der Bank ernst genommen wird?

Fragen an alle Bankbereiche:
1. Haben alle Verantwortlichen das Know-how, um die Führungs- und Steuerungsinstrumente effizient nutzen zu können?
2. Sind die Nutzer mit dem Inhalt der Führungs- und Steuerungsinstrumente vertraut?
3. Wissen alle Nutzer, was mit den Führungs- und Steuerungsinstrumenten bewirkt werden soll?

4. Werden Ressourcen erkannt?
5. Werden Ressourcen offengelegt und genutzt?
6. Wird das Controlling zu Entscheidungen gefragt?
7. Ist allen in der Bank bekannt, was Controlling leistet bzw. leisten kann?
8. Unterstützen die Fachabteilungen das Controlling bei der Erarbeitung neuer Konzepte?
9. Unterstützen die Fachabteilungen das Controlling, indem sie es auf Veränderungen und eigene Erkenntnisse aufmerksam machen?
10. Ist die Meinung der Fachabteilungen gefragt?
11. Wird Controlling eher als Kontrolle empfunden?
12. Haben die Fachabteilungen Selbstkontrolle gelernt?
13. Sind alle Führungskräfte bereit, die Verantwortung für ihre Entscheidungen zu übernehmen?
14. Sind alle Mitarbeiter/innen bereit, die Verantwortung für ihr Handeln zu übernehmen?
15. Ist allen Führungskräften und Mitarbeitern bewußt, daß Controlling ein ganzheitlicher Prozeß ist und sich nicht auf Teilbereiche beschränken kann?
16. Werden „Schuldige" gesucht, anstatt Probleme gelöst?
17. Hat „Kästchendenken" Vorrang vor Gesamtlösungen?
18. Werden „Erbhöfe" verteidigt?
19. Wurde gelernt unterschiedliche Standpunkte und Blickwinkel einzunehmen?
20. Wird Selbstvertrauen und Selbstbewußtsein gefördert?

Ehrliche Antworten führen zum Erfolg

Die Fragen werden viele nachdenklich stimmen. Die Antworten darauf werden nicht immer leicht fallen. Aber sie sind ein absolutes Muß. Sie müssen offen und ehrlich gegeben werden. Nur so wird die Unzufriedenheit, die im und um das Controlling herum herrscht, ausgeräumt. Die schon vorhandenen Stärken des Controlling werden ebenso hervorgehoben. Die Erfahrung zeigt, daß ein solcher Check-up externe Unterstützung braucht. Dem internen Controller sind hier Grenzen gesetzt. Er kann als Betroffener nicht mehr neutral sein. Der Check-up ist nicht als externe Konkurrenz-veranstaltung zum internen Controlling zu verstehen. Das interne Controlling wird damit auf allen Ebenen gestärkt. Von den gestellten Fragen wurden in der Bank sicher vorher schon viele diskutiert. Aber wurde auch eine Antwort gegeben? Oder blieb es bei der Feststellung, daß sich ja doch nichts ändert? Mit dem Check-up dagegen wird ein Prozeß in Gang gebracht. Vieles, was vorher „nur gemacht worden ist", gewinnt an Bedeutung. Es wird manchem bewußt, warum er überhaupt was macht. Und darauf kommt es an.

„Zeit ist Geld"

Es kann und will sich keine Bank leisten, Ressourcen ungenutzt zu lassen oder gar zu vergeuden. Wenn für das Management Controlling aber nur aus Zahlen besteht, bleibt das nicht aus. Aufgrund von Zahlen setzt oft die Suche nach Schuldigen ein und ein verbohrtes Stochern in der Vergangenheit. Was macht das in der Zeit des ständigen Wandels für einen Sinn? Die Energie, die dafür aufgewendet wird, kann gewinnbringend für die Zukunft genutzt werden. In der heutigen Marktsituation brauchen KundenbetreuerInnen die Zeit, um Probleme für die Kunden zu lösen. Sie sollen damit gute Ergebnisse erwirtschaften.

Die gleiche Einstellung muß von den MitarbeiterInnen der internen Bereiche verlangt werden. Sie müssen sich bewußt darüber werden, daß auch ihre „Kunden" den bestmöglichen Service verlangen. Ihre „Kunden" sind die Kollegen aus den anderen Bereichen. Die „Kunden" des Controlling sind alle Bereiche der Bank. Die Einstellung zum Controlling wirkt sich somit auch in der ganzen Bank aus. Diese Einstellung kommt bei einem Check-up deutlich zum Ausdruck. Es ist an der Zeit, noch vorhandene negative Verhaltensweisen zu transformieren und zu nutzen. Der Erfolg schlägt sich in der Unternehmenskultur und im Ergebnis der Bank nieder.

Akzeptanz des Controlling

Aus den Antworten zum Fragenkatalog wird der Grad der Akzeptanz des Controlling auf allen Ebenen deutlich. Für interne Controller/innen ist es nicht immer leicht, Akzeptanz für ihre Arbeit zu bekommen. Das liegt nicht an ihrer Qualifikation und ihrem Engagement. Ein Grund dafür ist, daß sie zu ihrer fachlichen Arbeit mehrere Rollen zu bewältigen haben. Die Sichtweise der Fachabteilungen ist dabei oft folgende:

- Als „Holender" ist Controlling auf die Unterstützung der Fachabteilungen angewiesen. Die betroffenen Abteilungen fühlen sich dabei zusätzlich „belastet". Controlling wird als „Störenfried" betrachtet.
- Als „Bringender" von Zahlen und Fakten verursacht das Controlling wieder „Handlungsbedarf" bei den Verantwortlichen. Controlling wird als „Kontrolleur" empfunden.
- Außerdem stehen ControllerInnen fast immer zwischen mindestens zwei Meinungen.

Dazu kommt,
- daß „verkaufen" nicht unbedingt die starke Seite „kundenferner" Bereiche ist und
- daß der interne Kundenkreis gewissermaßen aus „Muß-Kunden" besteht und nicht am Markt austauschbar ist.

Für das Controlling ist es aber wichtig, daß es seine Arbeit in der Bank gut verkauft. Von der Einführung der einzelnen Instrumente hängt der weitere Erfolg ab. Die Sichtweisen der Fachabteilungen werden in den Fragestellungen bearbeitet. Sie dürfen nicht so sein, daß sie Hindernisse für ein effizientes Controlling darstellen.

Mut zum Veränderungsprozeß

Die Entscheidung für ein effizientes Controlling kann nur von der Geschäftsleitung getroffen werden. Sie muß sich dabei bewußt sein, daß Controlling ein ganzheitlicher Ansatz ist. In der Bank wird damit ein Veränderungerungsprozeß ausgelöst. Controlling kann nicht auf Einzel- oder Teilbereiche beschränkt werden. Starre Strukturen werden sich auflösen. Team- und Projektarbeit rücken in den Vordergrund. Die Entscheidungswege werden kürzer. Es heißt Abschied zu nehmen von der alten Denkweise „kontrollieren und kontrolliert werden". Zugegeben, wenn das Wort „Kontrolle" auch meist negativ besetzt ist, hat es für so manchen doch auch seine Vorteile (gehabt)! Aber bestimmt nicht für die Bank.

Der Schritt zur Selbstkontrolle verlangt ein anderes Denken der Führungskräfte und MitarbeiterInnen. Selbstwertgefühl, Selbstbewußtsein, Vertrauen und Selbstvertrauen werden gebraucht, um Verantwortung für ihre Entscheidungen und die Konsequenzen daraus zu übernehmen. Das setzt voraus, daß jeder seine Position genau kennt. Dazu gehört Offenheit. Controlling kann nicht hinter vorgehaltener Hand im verschlossenen Kämmerlein stattfinden. Erste Erfahrungen in ganzheitlicher Denkweise werden beim Check-up gemacht. Der Mut, diesen Prozeß durchzuführen, lohnt sich.

Potential erkennen

Wenn heute von Controlling gesprochen wird, stehen die sogenannten „Hard-Faktors" absolut im Vordergrund. Warum eigentlich? Sie sind unbestritten die Meßlatte auf der materiellen Ebene. Zeigen können sie aber nur eine Seite: die Ergebnisse aus der Vergangenheit. Gesteuert wird aber in die Zukunft. Schon deshalb ist es wichtig, zu wissen, welches Potential in der Bank vorhanden ist und eingesetzt werden kann.

Das Potential ist eine immaterielle Größe. Es liegt in den Menschen. Es ist die Leistungsfähigkeit, die zur Verfügung steht. Hat die Bank wirklich eine Vorstellung von dieser nicht zu unterschätzenden Größe? Sind die Fähigkeiten, die über das Fachwissen hinausgehen, bekannt? Wieviel kann in der Bank eingesetzt werden? Ist der Einsatz von Fähigkeiten bisher überhaupt gewollt? Jeder Mensch will seine Fähigkeiten einsetzen und nicht verkümmern lassen. In einem „Zahlen-Controlling" ist dieser immaterielle Wert nicht abzulesen. Ruhende Fähigkeiten können aber auch nicht zur Verbesserung des Bankergebnisses beitragen. Wollen Sie sich das in Zukunft noch leisten? Was liegt näher, als die ohnehin vorhandenen Potentiale zu erschließen und zu nutzen?

Chancen nutzen

Marktchancen zu nutzen wird von den Banken als Selbstverständlichkeit betrachtet. Dabei wird an die Erträge gedacht. Wie ist es aber mit den Chancen, die innerhalb des Hauses liegen? Will man sie nicht erkennen? Werden interne Belange zu den „heißen Eisen" gezählt? Will man sich nicht mit den Kollegen auseinandersetzen? Wird dabei nur noch an Kostensenkungsprojekte gedacht? Diese Fragen spiegeln Ängste. Angst ist aber kein Grund, Chancen ungenutzt zu lassen. Die Chance, ein effizientes Controlling zu haben, kann sich keiner entgehen lassen. Es trägt erheblich dazu bei, immaterielle und materielle Werte zu schaffen. In einem ganzheitlichen Prozeß hat jeder das Recht und die Pflicht, sein Wissen einzubringen. Wer will das nicht?

Wissen darf nicht ungenutzt bleiben. Es ist kein Geheimnis, daß Wissen sich nur vermehrt, wenn es gebraucht wird. Für das Motto „Wissen ist Macht" haben wir heute keine Zeit mehr. Notwendig ist die Fähigkeit, die Aufmerksamkeit auf das Wichtigste zu konzentrieren. Es ist unverzichtbar, ein Thema aus verschiedenen Blickwinkeln betrachten zu können. Dazu muß jeder einzelne unterschiedliche Standpunkte einnehmen können, ohne sein Ziel aus den Augen zu verlieren. Der Wille, ständig dazuzulernen und kritisch mit sich selbst zu sein, gehört ebenso dazu.

Anspruchsvoll sein

An das Controlling werden hohe Anforderungen gestellt. Es hat hohe Ansprüche an sich selbst. Ebenso ist ein Check-up aus ganzheitlicher Sicht eine anspruchsvolle Angelegenheit. Er hat nicht den Charakter eines Frage- und Antwortspieles. Er soll auch nicht zur Erbauung oder als Alibi dienen. Das Ziel ist es, Controlling so effizient zu machen, wie es sein kann. Da der Erfolg des Controlling von der Einstellung der Geschäftsleitung abhängt, müssen die Fragen auch zuerst an die Geschäftsleitung gestellt werden.

Die Geschäftsleitung muß entscheiden, was sie will:
- Controlling im Sinne von Controlling, als einen ganzheitlichen Prozeß in der Bank oder
- „Controlling" nach eigenen Spielregeln.

Eine Entscheidung darf kein Lippenbekenntnis sein. Ausschlaggebend ist, daß das, wofür man sich entscheidet, vorgelebt wird. Nur das wird von den nachfolgenden Ebenen akzeptiert.

Das Controlling selbst hat eine hervorragende Gelegenheit, sein Standing zu erkennen und zu klären. Das weitere Vorgehen hat dann die Unterstützung der Geschäftsleitung. Die einzelnen Bereichen werden mit der Sichtweise des Controlling vertrauter. Konfliktpotential reduziert sich.

Bernhard Berning
Projektmanagement als Erfolgsprozess

Können Projekte erfolgreicher, kreativer, wirtschaftlicher, termingerechter und dabei menschlicher, zur Freude und Entfaltung aller Beteiligten, abgewickelt werden?
Warum werden Projekte überzogen und zu teuer?
Warum laufen Projekte am Ziel vorbei oder enthalten kardinale Fehler?
Warum gehen Firmen aufgrund fehlender Strategien pleite?
Warum geraten ganze Regionen ins Abseits?

Der Artikel zeigt anhand praktisch durchgeführter Projekte vielfache Erfahrungen. Aus Erkenntnissen der Projektarbeit, der Entwicklung und des wirtschaftlichen sowie gesellschaftlichen Wandels beschreibt er Wege - und stellt Fragen - für das künftige Vorgehen, damit Projekte zum Erfolgsprozess für alle Beteiligten werden.

Beispiele eines neuen Führungsverständnisses zeigen uns den Weg. Es geht heute um mehr als nur um unsere Projekte, das Unternehmen, die Dienststelle - es geht um den Standort Deutschland, die gemeinsame Entwicklung, die Zukunftssicherung in grenzenlosen Märkten, um eine Umwelt, die keine Grenzen kennt.

Müssen wir unser bisheriges Verständnis der Zusammenarbeit völlig umkrempeln? Turbulente Entwicklungen und ganzheitliches Denken fordern das Management auf zur Einbeziehung aller Beteiligten. Der Manager als Coach seiner Mitarbeiter. Beteiligte sind heute, außer den Mitwirkenden, auch alle an der Gesamtkette des Vorhabens Betroffenen sowie Interessen und Verantwortungen.

Die Verantwortung und Unwägbarkeiten in größeren Vorhaben steigen in Zeiten sprunghafter Entwicklungen, durch
Wissensexplosion und sinkender Produktzyklen in einem Maß,
das die Bündelung aller Kräfte erfordert. Das erweiterte
Bewußtsein der Menschen verlangt ganzheitliche Unter-
nehmens- und Projektentwicklung. Projektmanagement wird
zum Erfolgsprozess, wenn wir die gemeinsame Aufgabe, das
gemeinsame Ziel, als Chance begreifen, Entwicklungsarbeit
für alle Beteiligten zu leisten.

Die Vielfalt bisheriger Projekte

Der rote Faden war bei aller Unterschiedlichkeit der Projekte
die Zusammenarbeit, die, ob Führung, Koordination, Teamentwicklung, Schulung, Training, Projektmanagement oder
Beratung, den Erfolg bestimmte. Die Schwerpunkte lagen in
der Unternehmens-Entwicklung, -Optimierung, -Erweiterung
und in der übergreifenden Logistik.

Vorbemerkung: ich berichte aus Produktion, Handel, Logistik,
Vertrieb und Dienstleistung großer und mittelständischer
Unternehmen und Verwaltungen von Projektarbeit, die ich
teils in abhängiger und in selbständiger Funktion durchführte.
Firmeninternas werden dabei nicht berührt. Um ungewollte
oder unzutreffende Rückschlüsse zu vermeiden, nenne ich
teilweise keine Firmennamen.

Logistik-Planung und -Koordination
Projekte in D / EU / Ost / Fernost

Logistik Großprojekt in den neuen Ländern:

Als die Mauer in Berlin fiel, hatten wir bei Quelle-Schickedanz
AG gerade die Entwurfsplanung für ein automatisches
Riesen-Hochregallager in Nürnberg abgeschlossen. Mit
Unternehmermut traf die Familie Schickedanz und das
Management die Entscheidung für den Standort Leipzig. Als

Hauptabteilungsleiter Logistikplanung führte ich für die Entwurfsplanung mit dem Vorstand die Beraterauswahl, danach mit einem von zwei Beraterteams die Planung durch. Die Zusammenführung der Planungsalternativen brachte die Optimallösung. Zur Information dienten u.a. Besichtigungen von Versandgeschäften in USA, England und Frankreich. Nach der Ostöffnung und der Ausweitung des Projektes zu einem kompletten Versandzentrum war ich als Projektkoordinator tätig.

Zusammenarbeit mit vielen Partnern und Firmen:

In Leipzig kaufte man einen Großteil des bisherigen Agrarflughafens. Die Zusammenarbeit mit den Behörden lief konstruktiv. Für die Realisierung des riesigen Projektes mußten Partner gewählt werden, die die Projektumfänge bewältigen konnten: für die Baumassen, die das Volumen der Cheops-Pyramide erreichten, eine Arbeitsgemeinschaft; für die Stahlmengen, die die Jahresproduktion eines mittleren Stahlwerkes erreichten, Europas größten Stahlanbieter. Nach den Vergabeverhandlungen und Vertragsgestaltung mit Logistik-Anbietern legten wir die Details in Lasten- und Pflichtenheften fest. Die ausgeklügelte Logistik mit Transport- und Hängebahnen, fahrerlosen Einlagerungs- und Entnahmefahrzeugen im Hochregallager incl. der Betriebseinrichtungen mit Steuerung übernahm, wie bekannt, Firma Siemens als Generalunternehmer. Weitere Subunternehmer wurden einbezogen.

Erfolgreiche Teams durch Selbstverantwortung:

Die Aktivitäten erforderten zeitlich überlapptes Vorgehen und Einbindung beteiligter Firmen in die Feinplanung. Zur Bündelung sämtlicher Projektinformationen und für Managemententscheidungen baute ich mit einem Berater ein Projektmanagementsystem auf, das die Termin- und Kostenüberwachung für Bau, Logistik, Technik und DV ermöglichte. Die vielen Teams arbeiteten autark - man traf gemeinsam

Vereinbarungen und jeder wußte, daß der andere sie einhielt. Um Zeit für die Gespräche vor Ort zu sparen, organisierte ich ein wöchentliches Flug-Shuttle.

Durch erfolgreiches Zusammenspiel und selbstverantwortlicher Arbeit in der Projektmannschaft konnte unser Milliardenprojekt pünktlich im Termin und im geplanten Kostenrahmen nach 3 1/2jähriger Planungs- und Bauzeit feierlich abgeschlossen werden. Nach der Hochlaufphase können von hier an Spitzentagen der Hochsaison je nach Umfang, wie bekannt, über 300.000 Pakete vorsortiert auf Postleitgebiete in Kooperation mit der Post AG versandt werden. Die Kapazität des Hochregallagers mit seinen 40 Andocktoren und Gassen umfaßt ca. 700.000 Stellplätze für Paletten und Kartontablare. Insgesamt ca. 2.500 Arbeitsplätze mit zeitgemäßen flexiblen Arbeitszeitkonten werden damit in Leipzig geschaffen sein. Ein Beitrag zum Zusammenwachsen von Ost und West.

Gemeinschafts-Projekt in Moskau:

Bei der Öffnung des Ostens in der Ära Gorbatschow weitete Quelle ihre vorhandenen Handelsbeziehungen auf den Vertrieb in der GUS aus. Wir planten eine Lager- und Versandeinrichtung als Joint Venture in Moskau. Wie erklärt man freie Marktwirtschaft? Wir mußten erst zusammenfinden: die russischen Partner kannten keinen freien Markt, für uns waren ihr System und Denken fremd. Die Gespräche liefen über Dolmetscher. In gemeinsamen wochenlangen Sitzungen in Moskau erarbeiteten wir mit den russischen Partnern die Geschäftsabläufe.

Ich war für die Logistik zuständig. Nach einigen Anläufen fanden wir das geeignete Lagergebäude. Da das System keine Mietverträge in unserem Sinne kannte, schlossen wir eine Art Service-Vertrag für Räume und Mitarbeiter. Umbau- und Betriebseinrichtung führten wir mit russischen Kombinaten durch. Für die Verwaltung planten wir einen Neubau.

Um keinen unkontrollierbaren Boom auszulösen, sollten aufgrund russischer Bedingungen Warenbestellungen zunächst auf Genossenschaftskreise begrenzt werden. Dies gewährleistete gezieltes Marketing. Ebenfalls mußte bei Bestellung die Einzahlung des Warenwertes auf der Bank nachgewiesen werden. Für die Auslieferung richteten wir eine Abholstelle ein, längerfristig war ein Belieferungsservice vorgesehen.

Den Höhepunkt bildete die feierliche Eröffnung mit den russischen Partnern und Offiziellen aus der GUS und der First Lady, Frau Grete Schickedanz. Aus anfänglich zähen Gesprächen mit fremden Partnern war inneres Verständnis und Kameradschaft entstanden. Es bleiben interessante Eindrücke und Gegensätze: Kaviar und Krimsekt, Menschenschlangen vor Lebensmittelläden, Taxifahrten mit Marlboro-Währung, der Kreml, die Basilika und ein Ausflug mit der First Lady in das wiedereröffnete Kloster Sagorsk.

Projektentwicklung für den europäischen Markt:

Für den europäischen Binnenmarkt bauten wir vorhandene Export- und Versandaktivitäten der Quelle in europäischen Ländern aus. Für den logistischen Teil war ich federführend in einigen Projekten. In einem Europateam koordinierten wir gemeinsam Vertriebsaktivitäten für Benelux, Spanien, Italien, Polen und Ungarn. Für Belgien planten wir ein Versandhaus. Nach Beurteilung und Übernahme eines geeigneten Gebäudes plante ich in Abstimmung mit belgischen Partnern den Betriebsablauf und die Logistik. Die Realisierung erforderte Koordination und Einbeziehung deutscher, belgischer Firmen sowie Post und Bahn. Wir schulten Mitarbeiter, testeten die Betriebsabläufe im Team und steuerten gemeinsam den Praxisanlauf. Für die Schweiz planten und realisierten wir im Anschluß gemeinsam mit dem dortigen Management ein neues Versandhaus, da im bestehenden Haus keine Erweiterung möglich war.

Projektorganisation in Hongkong:

In der Fernost-Einkaufzentrale eines deutschen Handelsunternehmens mit mehreren Fernost-Büros führte ich gemeinsam mit dem Geschäftsleiter eine Organisationsanalyse zur Optimierung der Organisation und Zusammenarbeit durch. Die Drehscheibe des fernen Ostens kennenzulernen und die freudige Arbeitsauffassung der Chinesen zu erleben, faszinierte mich. Es geht dort alles schneller, unbürokratischer, direkter und dabei ohne Hektik.

Unsere Analyse umfasste alle Aktivitäten der ca. 50 chinesischen Beschäftigten in Einkauf, Export, Quota-Kontrolle, Verschiffung, Qualitätskontrolle, Buchhaltung und Auftragsbearbeitung. Wir entwickelten ein Anforderungsprofil zur DV-Optimierung für die Abläufe, Auftragssteuerung und Ausfuhrquoten, zeitnahe Umsatz- und Kostenerfassung und schnelle Reaktionsmöglichkeiten auf Marktgegebenheiten und Ausfuhrlizenzen. Für die Einkäufer entwickelten wir Qualitätsprüfungen vor Ort. Für die Verbindung und Kommunikation zwischen den Fernost-Büros wurden Standards festgelegt. In Hongkong erlebt man die Veränderungsgeschwindigkeit in besonderer Weise. Bei einem zweiten und dritten Besuch jeweils nach mehreren Jahren war manches nicht wiederzuerkennen. Die typische Skyline immens angewachsen, erhebliche Landgewinnung verkleinerte die Fläche für Bootbewohner. Immer mehr Tunnels ermöglichen die Unterquerung der Meereszone zwischen Kowloon und der Hongkong-Insel.

Logistische Kette - Firmenübergreifende Projekte

Strukturen und Prozessketten im Handel:

Sortimentserweiterungen und Mengenzuwachs führen zu neuen Logistikabwicklungen. Für die umfangreichen Warensortimente der Quelle und den unterschiedlichsten Lagerorten und Abwicklungen erstellten wir für alle in der logistischen Kette Beteiligten Strukturen zur Zusammenarbeit. Sie dienten als Checklisten für die betriebliche Steuerung und Koordination zwischen Vertrieb, Einkauf, Lager und Dienstleistern. Dies gewährleistete z.B. für fremde Lieferanten die Anlieferung zum richtigen Lagerort, dort die richtige Abwicklung und danach die entsprechende Zusammenarbeit mit den Logistikpartnern Bahn, Post, Speditionen. Die Strukturen erleichterten die Logistikkostenzuteilung, die Lageroptimierung und Kundenbelieferung und schufen gleiche Informationsbasis für alle.

Aus den Logistikstrukturen bildeten wir logistische Prozessketten. Durch diese lassen sich Module isoliert betrachten, in Benchmarks vergleichen und bewerten. Dies ermöglicht Synergien zwischen unterschiedlichsten Abwicklungen.

Durchgängige Logistik in der Druckindustrie -
Einbeziehung von Lieferanten und Kunden:

In einem Betrieb der Druckindustrie mit gewachsener Struktur ermittelte ich zusammen mit dem Führungsteam Schwachstellen und entwickelte eine optimale logistische Durchlaufstruktur mit der Empfehlung für ein durchgängiges DV-Informationssystem. Unterschiede zwischen Papiereinkaufsmengen, Auftragsgrößen, wirtschaftlichen Fertigungsgrößen und Abnahmemengen führten zu erhöhter Lager- und Kapitalbindung bei Roh-, Halbfertig- und Fertigprodukten. Notwendige Vorproduktionen, um die Saisonnachfrage zu befriedigen, schufen Bestände, die bei der Inventur bilanzmäßig zu Buche schlagen.

Um diese zu verringern, erarbeiteten wir Maßnahmen zur Einbeziehung der Lieferanten und Kunden. Diese übergreifende Zusammenarbeit führt zur Flexibilität, Kundenorientierung, Wettbewerbsfähigkeit und Kapazitätserweiterung. Zusammen mit einem Hersteller und Händler von Musikinstrumenten, der mit in- und ausländischen Lieferanten kooperiert, entwickelten wir ein gemeinsames Lager- und Vertriebskonzept.

Strategische Allianzen in der Logistik:

Durch Outsourcing oder Verlagerungen entstehen freie Kapazitäten in Unternehmen, Ausweitungen bei anderen Unternehmen führen zu Engpässen. Durch Zusammenarbeit können Ressourcen genutzt und Auftragsspitzen befriedigt werden. Für zwei Handelsunternehmen vermittelte ich eine Kooperation in der Auftragsbearbeitung. Wenn sich die Abläufe durch Modifizierung anpassen lassen, ist der entscheidende Faktor die Bereitschaft zur Zusammenarbeit, damit beide profitieren. Durch derartige Kooperationen ließen sich m. E. in vielen Firmen erhebliche Kosten sparen und Arbeitsplätze sichern.

Firmenübergreifende Arbeitsteilung und Beziehungen:

Für den Fachausschuß Logistik entwickelte ich ein Seminar über die Beziehungen zwischen Lieferant, Spediteur, Lager und Vertrieb - den in der logistischen Kette Beteiligten. Durch übergreifende Kooperation und Arbeitsteilung entstehen Vorteile für alle. Das neudeutsche Wort dafür heißt „Efficient Costumer Response" (ECR). Schnelligkeit in der Kundenbelieferung, im Service, Steigerung der Qualität und Verbessern der Wirtschaftlichkeit sichern Standort, Arbeitsplätze und Wettbewerbsfähigkeit (s. a.: Erkenntnisse - künftige Wege).

Unternehmsentwicklung / Moderation im Führungsteam

Eine Unternehmensvision:

Zusammen mit dem Führungskreis eines Unternehmens entwickelten wir eine Unternehmensvision als Idealbild dessen, wie Führung und Mitarbeiter miteinander umgehen wollen, die gemeinsamen Leistungen gegenüber den Kunden definieren und sich daran messen lassen.

Um die Einbeziehung und Identifikation der Mitarbieter zu verstärken, verbreiteten wir die Vision in der Firmenpresse und durch Info-Workshops in allen Unternehmensbereichen. Wir entschlossen uns, in Moderationsprozessen Leitsätze aus der Vision zu entwickeln. In Führungsteams formulierten wir zunächst Kernsätze zu Inhalten, wie z.B. Teamarbeit, Führung, Leistungsbereitschaft, Kundenfreundlichkeit, Qualität, Service usw. In Meetings unter Einbeziehung der Mitarbeiter formulierten wir die Leitsätze inhaltlich für die Fuktionsbereiche aus und veröffentlichten sie in einer Broschüre für alle Mitarbeiter.

Die Folge war eine neue Qualität in der Diskussion und der Zusammenarbeit, Führung und Leistungsbereitschaft. Mehr und mehr Mitarbeiter fühlten sich in dem neuen Geist verstanden; sie konnten sich besser entfalten. Es war eine neue Grundlage für Zusammengehörigkeit - ein neuer Teamgeist - ein besseres Wir-Gefühl. Wenn dieses Beispiel in vielen Unternehmen gelänge, könnten - anstelle mancher bestehenden Reibungsverluste - gemeinsame Höchstleistungen vollbracht werden.

Weitere Projekte:

Es gibt eine Vielzahl weiterer auch interessanter Projekte, die ich aus Platzgründen hier nicht näher beschreibe, u.a.:
- Moderation einer Funktionsanalyse im Führungsteam eines grossen Unternehmens,
- Zusammenarbeit mit McKinsey in einem umfangreichen Unternehmensprogramm,
- Koordination eines Verwaltungsvereinfachungs-Projektes incl. Schulung von Projekt- und Organisationsmethoden, ein Struktur- und Begleitprogramm.

Moderations-Prozeß für Unternehmer und Interessenverbände:

Gemeinsam mit einem Handelsverband werden wir demnächst ein Strategiekonzept für gemeinsames Regionalmarketing entwickeln. Zielsetzungen sind die Mobilisierung vereinter Interessen und Willensbildung für gemeinsam nutzbare Dienstleistungen und vor allem Bündelung der Anziehungskraft.

Moderation eines Erfolgsprozesses in Führungsteams:

Mit einem Vertriebsteam im Handel der Kfz-Branche und einem Führungsteam erarbeiten wir gemeinsam Strategien zur Kundengewinnung und Kundenorientierung. In der ersten Phase führen wir in einen Entwicklung-Prozeß zur Teamorientierung durch. Im zweiten Schritt folgen Markt- und Kundenstrategien, wie Marktpotentiale, Branchen- und Produktattraktivität, Schlüsselfaktoren, Kundennutzen, Erfolgsfaktoren im Verkauf. In einem Team-Begleitprozeß werden die gemeinsam erarbeiteten Erkenntnisse stufenweise durch praktische Umsetzung integriert und der Erfolgsprozeß in Gang gesetzt.

Eine Region im Aufbruch:

Im Hinblick auf Marktentwicklungen oder aufgrund politischer Konstellationen sehen auch Komunen oder Stadt-Regionen Erfolgschancen durch gemeinsame Strategien. Die vier Oberbürgermeister der Städte Nürnberg, Fürth, Erlangen und Schwabach schlossen sich zu einem 'Aufbruch' der Region Nürnberg zusammen. Sie gründeten in einem Zukunftskongress mit der bayerischen Staatsregierung und 700 Unternehmern einen Förderverein mit der regionalen Wirtschaft, der IHK und der Handwerkskammer. Ich schloß mich dem Verein ebenfalls an, um am Erfolg der Region und der Unternehmen mitzuwirken. Erfolgsprozesse einzuleiten, gemeinsame Strategien zu entwickeln ist für Regionen unabdingbar, um die Stärken als Wettbewerbsvorteile zur Wirkung zu bringen.

Erkenntnisse - künftige Wege

Um in künftig stetigen und an Geschwindigkeit zunehmenden Wandel der Daueraufgabe Unternehmens-Entwicklung gerecht zu werden, benötigen wir Veränderungs-Management, damit wir die Herausforderungen als Chancen nutzen und den Wandel aktiv gestalten. Wir müssen Profis für Strategie und Flexibilität sein, um Aufbruch in unserem Wirtschaftstandort zu erreichen.

In Zukunft geht es nach meinem Ermessen um mehr:
1. Übergreifende und interdisziplinäre Zusammenarbeit, z. B. der logistischen Kette, vom Rohstoff über Fertigung, Vermarktung und Nutzung bis hin zur Entsorgung.
2. Ganzheitliche visionäre Führung, Einbeziehung der Mitarbeiter, Potential-Entfaltung und Innovation im Unternehmen zur Nutzung aller Stärken.
3. Erkennen und Entwickeln der richtigen Strategien, um den eigenen Markt ständig zu definieren und dessen Bedürfnisse mit den eigenen Stärken in Einklang bringen zu können.
4. Ganzheitliche Qualität und Kundenorientierung. Hier müssen wir gegenüber USA und Japan mächtig aufholen. Während wir uns mit ISO befassen, führten Japaner und Amerikaner TQM ein, das die Unternehmens-Qualität mit 1000 Punkten misst; ISO liegt im Vergleich bei ca. 350 Punkten (siehe: Schlank durch TQM von Joachim Runge).
5. Mehr Selbständigkeit, Mut und Erfindergeist für Innovation.

Die Führung - im neuen Bewußtsein:

Das Management muss Bewußtseinsprozesse für Mitarbeiter und Kunden schaffen. In dem Maße wie das Unternehmen seine Unternehmenskultur, den Umgang miteinander entwickelt hat, werden Potentialentfaltung und echte Team-arbeit möglich. Die Führung entscheidet,

- ob im Unternehmen eine Vertrauenskultur oder eine Mißtrauenskultur herrscht,
- ob wirkliche Einbeziehung gefördert wird,
- ob Leitlinien, Visionen und Ziele bestehen und danach gehandelt wird und
- ob selbständiges Handeln der Mitarbeiter aktiv unterstützt wird.

Effizienz im Team - Effizienz des Einzelnen:

Teameffizienz entsteht durch gegenseitige Akzeptanz und Einbeziehung. Es ist die Voraussetzung zu Miteinander und Vertrauen. Akzeptanz ermöglicht Entfaltung und Kreativität. Im Team erzeugt dies Vielfalt und Synergie. Synergie im Team heißt: das Team ist besser/weiß mehr als die Summe seiner Mitglieder. Wenn dazu noch Begeisterung kommt, werden Spitzenleistungen erzielt. Der Einzelne hat die besten Voraus-setzungen für Teamfähigkeit, wenn er seinen Wert kennt und Motivation durch Selbstverantwortung erfährt.

Die eigene Einstellung zu überprüfen, Bündnis für Arbeit, für Lust an Leistung, in sich selbst zu schaffen, sind die Herausforderungen. Viele Wege führen zur Selbsterkenntnis. Eigene Strategien, Stärken, Ziele, Visionen entwickeln und Bewußtsein stärken, wissen, daß man jederzeit selbst Gestalter der Beziehungen und des eigenen Lebens ist, können wertvolle Herausforderungen sein.

Das ganzheitliche Vorgehen:

Was letztlich zählt, ist der Unternehmenserfolg. Er erfordert die richtige Strategie und die Entfaltung aller Unternehmens-potentiale, die durch ganzheitliche Führung, Unternehmens-entwicklung und Teamentwicklung möglich wird. Es gibt Vorgehenskonzepte, die dies berücksichtigen.

Die Ebenen des Denkens und Gestaltens, die Rudolf Mann in der Einleitung beschrieben hat, haben ihre Entsprechung in der Team- und Projektarbeit. Sie verdeutlichen unsere Wahlmöglichkeit der Betrachtungsweise, des Standpunktes für die Problemlösung und für die Entwicklung. Die Ursache von Entwicklungen und Realitäten - folglich auch die Chance zu deren Gestaltung, liegt meist in der nächsthöheren Bewusstseinsstufe.

Die Module:

Mit dem Netzwerk „Unternehmens-Erfolg" haben wir uns zur Aufgabe gemacht, Unternehmen zum Erfolg zu führen und zu begleiten. Die Werkzeuge sind der persönliche und berufliche Erfahrungshintergrund, Erkenntnisse der Unternehmens- und Teamentwicklung und unser Leitfaden „Unternehmens-Erfolg". Module, Analysen, Erkenntnisse, die mit dem Führungsteam in Moderation gemeinsam entwickelt werden, bilden den Einstieg. Sie enthalten eine Vielzahl handfester Erkenntnisse und geben Antworten auf die Fragen zu Strategie und den Zielen zum ganzheitlichen Erfolg, z.B. Potentiale in der Logistik, Branchen- und Produktattraktivität, strategische Bilanz, Energiebilanz, Vorteilsmatrix der Geschäftsziele, Entwicklungschancen... usw. Die Ergebnisse sind handfest, sofort umsetzbar. Die Realisierungschritte erarbeiten wir gemeinsam und begleiten sie bis zum Ergebnis (s. a. Selbstdarstellung mit Leistungsangebot).

Siegfried Buselmeier
„Unternehmens-Erfolg" in der Praxis

Als Coach und Moderator von „Unternehmens-Erfolg durch Einbeziehen der Mitarbeiter" habe ich in zehnjähriger Praxis weit über 100 Unternehmer bei der Überprüfung und Neuentwicklung ihrer Unternehmenskonzepte begleitet. Ich möchte aus der Vielzahl der gemachten Erfahrungen ein Beispiel schildern, in dem ich den Leitfaden von Rudolf Mann eingesetzt habe. Für mich ist es Sinnbild für die Mehrzahl der Fälle, und das aus folgendem Grund: ein Unternehmenskonzept ist nicht nur etwas für „Große". Die Zahl und Bedeutung der kleinen und mittleren Unternehmen wächst, trotz der Globalisierung der Märkte.

Meine Erfahrung hat mir gezeigt, daß die Wirksamkeit der Inhalte von „Unternehmens-Erfolg" eines voraussetzt: die Bewußtheit der Menschen. Das Gefühl der inneren Verbundenheit mit dem Unternehmen, mit ihren Aufgaben, Fähigkeiten und Zukunftsperspektiven muß entwickelt werden. Daß das nicht immer große weltbewegende Dinge sind, möchte ich skizzieren.

Der Spatz in der Hand ... !

Wer kennt diesen Spruch nicht. Auch und gerade im Zusammenhang mit dem Thema Unternehmensgestaltung gilt er. Ist der Spatz das Sinnbild für das Machbare, Realistische, Bequeme? Gilt die Taube, unausgesprochen, als das Gegenteil?

Pragmatiker könnten den Spatz als Realität bezeichnen - die Taube als Phantasie, Utopie, oder als Strategie, von der man ohnehin weiß, daß sie nicht, oder nur schwer, zu verwirklichen sein wird. In Verbindung mit dem Thema Unternehmensgestaltung habe ich festgestellt, alle haben recht - jeder von seinem Standpunkt aus. Eine nachhaltig wirksame Lösung kann nur dann gefunden werden, wenn es gelingt, die Gestaltung des Unternehmens auf beiden Ebenen - Leib und Seele - zu praktizieren. Das bedeutet, Geduld zu haben, die Barriere, die „Schranke" (R. Mann) zur Geistebene zu überwinden. Die Gestaltung auf dieser Ebene erfordert Vertrauen, zuerst einmal zu sich selbst. Hier gibt es keine schnellen Lösungen. Auf dieser Ebene ist die Frage nach dem WARUM der Schlüssel zur Lösung. Das Vertrauen für die Möglichkeiten in diesem Bereich kann durch materielle Informationen - Geist in Form von Wissen - unterstützt werden. Dies klingt für jemanden, der das Vier-Ebenen-Modell nicht kennt, zunächst nebulös. Lassen Sie es mich praktisch erklären:

Ein Elektrofachhändler in einer großen Kreisstadt wollte ein neues Unternehmenskonzept entwickeln. Bisher hatte er überwiegend situationsbezogen gearbeitet. Nun traf er auf eine verschärfte Wettbewerbssitutaion in Verbindung mit einer deutlichen Verschlechterung der Ergebnisse.

Die Ausgangslage in Stichworten:
- Sortiment: Unterhaltungselektronik (UE) und Haushaltsgeräte (HT)
- Umsatzschwerpunkt: UE
- Marktverhalten: stark preis- und aktionsorientiert
- Trotz guter zentraler Lage - keine besonderen Wettbewerbsvorteile
- Verkaufsräume auf zwei Ebenen: Erdgeschoß/Unterhaltungselektronik, Untergeschoß/Haushaltsgeräte

Zwischenergebnisse der ersten Analysen und Gespräche:
- Trotz guter Lage keine überdurchschnittlichen Werte.
- Breites Angebot, auch in Relation zur gesamten Verkaufsfläche, hat keine produktspezifischen Vorteile gebracht.

- Die bisherige Marktposition wurde durch aggressives Preis- und Aktionsmarketing erkauft.
  Ungünstige betriebswirtschaftliche Werte - Umsatzverhältnis in Relation zur Verkaufsfläche:

  Umsatz   UE : HT = 70 : 30
  Fläche   UE : HT = 40 : 60

Schon die Auswahl dieser Fakten zeigte, daß eine Änderung des Unternehmenskonzeptes zwingend notwendig war. Die Verwirklichung war aber spontan nicht möglich, weil ein wesentlicher Aspekt, ich nenne ihn der menschliche Aspekt, fehlte.

Die Menschen waren eindeutig umsatzorientiert, d. h. ihre Erfahrungen, Produktkenntnisse und auch die emotionalen Beziehungen waren sehr einseitig geprägt. Niemand verneinte die betriebswirtschaftliche Notwendigkeit der Konzentration auf UE, doch in der persönlichen Einstellung wurden immer wieder Gründe gesucht, die Veränderungen in der Positionierung und Verkaufsflächengestaltung zu vermeiden.

Eine Lösung des Problems war auf der Ebene der Fakten nicht zu erreichen. Sollte die Veränderung durch die Entwicklung des Bewußtseins für die Vorteile einer neuen Sichtweise erfolgen, mußte ein anderes Vorgehen gewählt werden. Für mich war spürbar, daß trotz der unbefriedigenden Ergebnisse in der Vollsortimentspolitik, die Wertigkeit des Unternehmens als auch eigene Werte gesehen wurden.

Empfindung, Gefühle als Wendepunkt.

Ich habe bei meinen Besuchen gespürt, daß in dem Verkaufsraum, in dem HT-Geräte präsentiert wurden, eine emotionale Kälte herrschte, die den Raum tot und energielos machte. Dies als Folge der persönlichen Einstellung der Verkäufer, die diese Waren nicht geliebt haben. Die nächsten Gespräche haben wir dann bewußt in diesem Raum geführt. Mit der Zeit ist es gelungen, meinen Gesprächspartner seine ähnlichen

Gefühle zu spüren und ausdrücken zu lassen. Nicht sofort - mit jedem Gespräch mehr. Meine guten persönlichen Beziehungen waren für beide Teile eine hilfreiche Erleichterung. Mit der Emotionalität wurden auch weitere, wichtige Ergebnisse erreicht. Z.B. haben mangelhafte Produktkenntnisse eine aktive Verkaufspolitik behindert - was man bislang nicht wahrgenommen hatte. Klar, dieses Sortiment war das Ergebnis von Ungewißheit und einer persönlichen Einstellung zum Geschäft. Die Formel lautete: „Größe und Menge ist gleichbedeutend für Ansehen", nach dem Motto: „Viel Feind, viel Ehr!"

Nun war die Zeit gekommen, die Ansätze für die Veränderung herauszuarbeiten. Ich möchte die wichtigsten Punkte erwähnen:

● Konzentration auf UE. Für diese Produkte waren ohnehin schon wichtige Kompetenzen vorhanden, diese wurden noch ausgebaut und spezialisiert.
● Service- und Zubehörangebot wurden erweitert.
● Im Bereich Tonträger strebte der Betrieb die Marktführerschaft an.

Diese Veränderungen haben eine direkte Ergenisverbesserung gebracht. Die aggressive und teure Preispolitik wurde von einer dienstleistungs- und nutzenorientierten Kundenbeziehung abgelöst.

Die Menschen im Unternehmen haben mehr Freude an ihrer Arbeit, weil sie nun im Zentrum ihrer Fähigkeiten arbeiten. Die Kompetenzen wurden ausgebaut. Die Atmosphäre im Unternehmen wird weiter verbessert, und das überträgt sich auf die Kunden und ihr Kaufverhalten.

Übrigens, bei einer Umfrage, die Jugendliche initiiert haben, erreichte das Unternehmen die besten Ergebnisse. Eine Leistung gegen den scheinbar unveränderbaren Trend und der Beweis, daß Trends beeinflußbar sind: letzteres allerdings nur mit konsequenter, individueller Leistung!

Glück, Zufall - Spatz oder Taube?

Wenn Sie mich fragen - Mut zu „Neuen Wegen"! Mut zum einzigartigen Unternehmenserfolg!

Ein Fall von vielen, die ich erlebt habe. Tausende sind noch unentdeckt und warten auf ihre Lösung:

- Es gibt Branchen, die auf Grund ihrer speziellen Bedürfnisse für die außergewöhnlichen Lösungsansätze von „Unternehmens-Erfolg" geeignet sind. Branchen, die hochwertige Produkte vermarkten, oder die, die vor entscheidenden Veränderungen der Rahmenbedingungen stehen. Beispielsweise: Automobilbranche, Apotheken, Drogerien, Dienstleistungsunternehmen, um nur einige zu nennen. Unabhängig von der Unternehmensgröße, egal ob Fertigung oder Handel.

Ein weiterer Anwendungsbereich für Lösungsansätze ist die Beziehungsebene. Zwei Beispiele dafür:

- Die Beziehungen zwischen Lieferanten und Kunden wurden schon viel zu lange nicht mehr den Anforderungen der sich veränderten Wettbewerbs- und Marktsituation angepaßt. Oft fehlen die Voraussetzungen, um in gesättigten Märkten erfolgreiche Qualitätskonzepte zu entwickeln. Mit „Unternehmens-Erfolg" könnten beide Partner, ohne die Eigenständigkeit aufzugeben, ihre individuellen Unternehmenskonzepte überprüfen oder neu gestalten. An der Schnittstelle - Marktverhalten - würden sich Erfolge einstellen, die bisher teilweise erkauft wurden. Nicht zu unterschätzen ist die Verbeserung der Beziehungen, die beispielsweise im Bereich der Akquisition neue Möglichkeiten ergeben. Ebenso Auswirkungen in Bereiche, wie Produkt/Sortimentsgestaltung, Konditionspolitik sowie Marktpflege. Die in letzter Zeit so oft erwähnte Kundenbeziehung soll, in diesem Zusammenhang, nicht unerwähnt bleiben. Mut zu „Neuen Wegen" ist gefragt, sollen die Ergebnisse außergewöhnlich sein!

- Eine große Anzahl der Unternehmen sind Familienbetriebe. Unternehmen, in denen die Grenzen zwischen privater und geschäftlicher Sphäre übergreifend sind. Wer kennt sie nicht, die Probleme! Probleme des Tagesgeschäftes werden in den privaten Bereich übernommen und umgekehrt. Auch in diesem Bereich kann „Unternehmens-Erfolg" genutzt werden. Einerseits kann damit das Unternehmenskonzept gestaltet werden - andererseits wird mehr gegenseitiges Verständnis für mehr Lebensqualität sorgen - ist das nicht ein lohnendes Ziel?

Liebe Leserin, lieber Leser!

Bitte haben Sie Verständnis, wenn ich nur einen Bruchteil meiner Erkenntnisse und Erfahrungen beschrieben habe. Sie haben es nun selbst in der Hand, weitere, hilfreiche Erfahrungen zu machen.
Jedes Unternehmen hat, zu jeder Zeit, ein Problem. Warten Sie nicht! Beginnen Sie mit der Lösung, in kleinen Schritten - jetzt, sofort! Fragen Sie sich direkt:

1. Was sind die Probleme?
2. Welches sind die Ursachen?
3. Möglichkeiten zur Lösung?
4. Mit welchen beginne ich - sofort?

Ich wünsche Ihnen viel Spaß und viele gute Erkenntnisse

Jens Hennings
Die Ent-Wicklung eines Firmenleitbildes in sechs Schritten
beschrieben an einem Praxisbeispiel aus einer Klinik

> *Wer den Hafen nicht kennt, in den er segeln will,*
> *für den ist kein Wind ein günstiger.*
> *(Seneca)*

Das Arbeiten mit und an Visionen als positive Zielbilder oder Leitbilder ist ein wesentlicher Bestandteil meiner Arbeit. Ich habe immer wieder voller Staunen feststellen können, wie wirkungsvoll innere Bilder auf das Verhalten der Menschen wirken.

Innere Bilder - besonders, wenn sie klar sind - wirken auf die Wahrnehmung wie ein Filter, der alles, was zu diesem Bild paßt, hindurchläßt, und andere Dinge, die nicht zu diesem Bild passen, vorbeiziehen läßt, ohne ihnen Aufmerksamkeit zu schenken. Wir brauchen einen solchen Filter, um aus den riesigen Datenmengen[1] das herauszufiltern, was für uns wichtig ist. Viele Filter haben sich im Laufe unseres Lebens herausgebildet und wirken mehr oder weniger im Verborgenen. Es sind unsere Annahmen oder besser Überzeugungen darüber, wie diese Welt funktioniert - unser Glaubens- und Wissenssystem. Diese Überzeugungen entstehen in einem sich verstärkenden Kreisprozeß, den Chris Argyris sehr schön in einer Leiter der inneren Verarbeitung beschreibt.

---

[1] 1 Mrd. Informationseinheiten [bit] pro sec. erreichen und über unsere Sinnesorgane (aus: Schäffler/Schmidt [Hrsg.] Mensch Körper Krankheit)

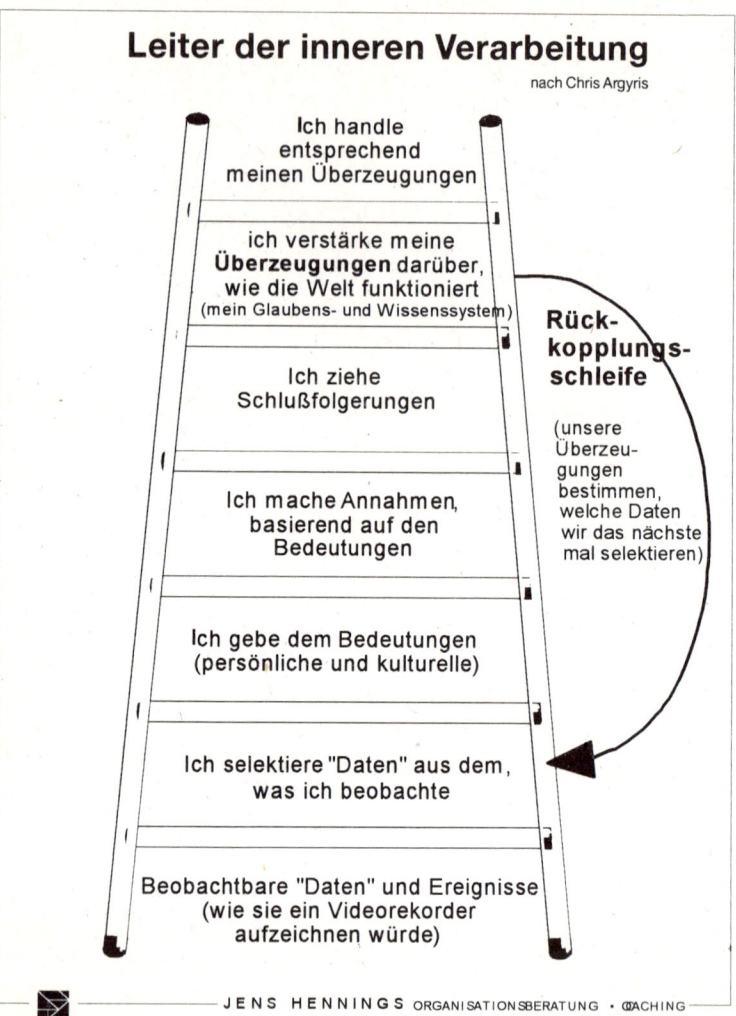

Leiter der inneren Verarbeitung

nach Chris Argyris

Ich handle
entsprechend
meinen Überzeugungen

ich verstärke meine
Überzeugungen darüber,
wie die Welt funktioniert
(mein Glaubens- und Wissenssystem)

Ich ziehe
Schlußfolgerungen

Ich mache Annahmen,
basierend auf den
Bedeutungen

Ich gebe dem Bedeutungen
(persönliche und kulturelle)

Ich selektiere "Daten" aus dem,
was ich beobachte

Beobachtbare "Daten" und Ereignisse
(wie sie ein Videorekorder
aufzeichnen würde)

**Rück-
kopplungs-
schleife**

(unsere
Überzeu-
gungen
bestimmen,
welche Daten
wir das nächste
mal selektieren)

Wie wirksam dieser Kreisprozeß funktioniert und welche Auswirkungen er auf das Umfeld hat, wird in folgendem Beispiel deutlich:

„In einem Unternehmen wurde ein Berater für Team-Coaching des Führungskaders engagiert, weil die Rate von Krankheiten bei den Mitarbeitern bestandsbedrohliche Ausmaße angenommen hatte. Schon im Verlauf der ersten beiden Sitzungen fiel dem Berater auf, daß die Führungskräfte in einem ausgesprochen abfälligen Ton von allen Mitarbeitern sprachen. Sie unterstellten jedem von ihnen, daß sie "nachlässig", "faul", "nur an ihrer Freizeit interessiert" seien usw. *[Annahmen/Schlußfolgerungen/Überzeugun-gen]* Als er seinen Eindruck artikulierte, begannen sie viele abfällige Geschichten über "Tricks" und "Unarten" des Personals zu berichten. *[selektierte Daten/Bedeutungen]* Bei den Führungskräften hatte sich eine kollektive Idee vom "Mitarbeiter als Feind" festgesetzt, die der Berater trotz aller seiner Bemühungen nur mildern konnte. Erst als der "Patriarch" des Familienbetriebes überraschend verstarb und einer seiner Söhne die Gesamtleitung übernahm, gelang es dem Berater langsam, die ablehnende Einstellung gegenüber den Mitarbeitern zu lockern. Eine zentrale Voraussetzung für die Veränderung war eine gemeinsame Analyse der historischen Entwicklung der Firma. Jetzt stellte sich heraus, daß der Firmengründer seinen Betrieb im Dritten Reich mit "Fremdarbeitern" aufgebaut hatte. Diese wurden immer als Quasi-Gefangene behandelt. Als die Führungskräfte ihre Perspektiven *[Annahmen]* von den Mitarbeitern langsam änderten, reduzierte sich auf " geheimnisvolle" Weise auch die Krankheitsrate.«[2]
Wenn wir es schaffen, durch eine Vision, dem Bild einer erstrebenswerten Zukunft, unsere Wahrnehmungsfilter auf das auszurichten, was wir wirklich aus unserem tiefsten

---

[2] Aus Astrid Schreyögg: Coaching

Inneren heraus erreichen wollen, haben wir ein mächtiges Werkzeug zur Gestaltung unserer eigenen Zukunft.

Ich möchte Ihnen ein ganz persönliches Beispiel erzählen, wie eine Vision - ohne, daß ich den Begriff damals kannte - meine Zukunft beeinflußt und meine Wahrnehmung ausgerichtet hat.

Ich hatte mir eine Vorstellung erarbeitet über meine berufliche Zukunft. Dieses Bild unterschied sich sehr deutlich von meiner damaligen Tätigkeit. Ich war in einer technischen Führungsposition in einem norddeutschen Automobilkonzern. In meinem Zukunftsbild sah ich mich als Berater und Coach für Führungskräfte, also eine völlig andere Tätigkeit.

Ich hatte mir einen realistischen Zeithorizont von zehn Jahren gesetzt, da ich mich für diese Tätigkeit ausbilden wollte und ein solcher Arbeitsplatz erst in der Organisation geschaffen werden mußte. Um das Ergebnis vorwegzunehmen: Ich war genau nach neun Jahren auf dieser neugeschaffenen Position in dem Unternehmen. In diesen Jahren war für mich sehr spannend, daß ich auf Informationen aufmerksam wurde, die ich vorher nicht beachtet hatte. Ich habe immer wieder über meine Vision mit den verschiedensten Menschen gesprochen und auf diese Weise meine Vorstellung im Laufe der Zeit spezifiziert und verändert. Die Grundidee blieb dabei erhalten. Auf dem Weg zu meiner Vision ist mir vieles widerfahren, was ich mir vorher gar nicht vorstellen konnte. Und wenn ich gewußt hätte, was sich dadurch in meinem Leben alles verändert, wäre ich vielleicht aus Vorsicht gar nicht gestartet. Es ist also gut, nicht alles, was passieren wird, vorher zu wissen; und es ist wichtig, an der Vision festzuhalten.

Wenn schon ein persönliches Leitbild eine große ausrichtende Energie erzeugt, welche Kräfte entwickelt dann wohl ein von vielen Menschen gemeinsam getragenes Leitbild in der Organisation? Über die Ent-Wicklung eines gemeinsam getragenen

Leitbildes in einem Unternehmen will ich berichten. Gemeinsam getragen heißt, daß die MitarbeiterInnen des Unternehmens bei der Entwicklung möglichst alle beteiligt sind und sich in der endgültigen Fassung wiederfinden. Ich verwende in diesem Text den Begriff Leitbild und Vision als Synonyme.

Ich sagte einleitend, daß unsere Filter, die unsere Annahmen und Überzeugungen aufbauen, häufig verdeckt sind. Für Sie möchte ich meine Annahmen, von denen ich bei dieser Arbeit ausgehe, aufdecken. Vielleicht kann es für Sie wie eine Art Kompaß für das Verständnis des darauffolgenden Textes wirken:

- Menschen, die in einem Unternehmen arbeiten, haben ein gemeinsames Leit-Bild. Ein Bild, das sie leitet. Es ist kein Zufall, daß genau diese Menschen in genau diesem Unternehmen arbeiten.

- Die Organisation ist nicht etwas Starres, von irgendwelchen höheren Menschen oder Kräften Konstruiertes. Sie wird jeden Tag wieder neu geschaffen durch die Handlungen der Menschen, die in ihr arbeiten.

- Die Organisationsrealität ist nicht genau das, was die Menschen sich wünschen. Allerdings wird durch Annahmen und Überzeugungen die Wahrnehmung so geformt, daß genau die Handlungen generiert werden, die die momentane Realität entstehen läßt.

- Über Wünsche und Gefühle öffentlich zu sprechen, ist in unserer Arbeitskultur eher unüblich.

- Werden die Werte in meinem persönlichen Leitbild durch die Erfahrungen, die ich in der Organisation mache, immer wieder verletzt, werde ich mein persönliches Leitbild schützen und vor Beschädigungen bewahren.
So kommt es, daß auch das gemeinsame Leitbild immer

fester mit einer schützenden Haut (Schale) umgeben wird, bis es kaum noch sichtbar, erkennbar oder fühlbar wird.

● Wenn also das Leitbild in der Organisation vorhanden ist, kann es eigentlich nur darum gehen, es herauszuarbeiten - sozusagen wie bei einer Zwiebel Schale um Schale zu entfernen, bis der "Kern" zu sehen ist. Dies ist auf verschiedene Weise möglich. Eine Möglichkeit wird hier beschrieben: Die Befragung aller Menschen, die in der Organisation arbeiten, und die Verarbeitung der Antworten zu einem sprachlichen Bild.

Der konkrete Fall

Das Unternehmen ist eine Klinik in privater Trägerschaft. Sie hat sich in 20 Jahren aus einer Rehabilitationsklinik mit 25 MitarbeiterInnen zu einem der Herzzentren Niedersachsens mit ca. 600 MitarbeiterInnen entwickelt.

Wie kam es zu dem Auftrag?
Viele Strömungen kamen zusammen...
● Die Klinik war in den letzen Jahren um das Doppelte gewachsen.
● Eine gemeinsame Orientierung erschien sinnvoll.
● Die Klinikleitung hatte sich entschlossen, eine neue Struktur der Verwaltung aufzubauen.
● Interne Reibungspunkte wurden deutlich.
● Neugier, was als Leitbild herauskommen wird.
● Das 20jährige Jubiläum.

Schritt 1: Der Auftrag
Der Auftrag zur Erarbeitung eines Leitbildes wurde von der Trägerschaft erteilt. Der Autor des Beitrages wurde mit der Steuerung und Moderation des Prozesses beauftragt. Es gab keinerlei inhaltliche Vorgaben von Seiten der Trägerschaft. Obwohl ein wenig „Herzklopfen" vorhanden war, was wohl herauskommen würde, gab es einen "Blankoscheck" zur Er-

arbeitung des Leitbildes. Projektleiterin wurde die Assistentin des geschäftsführenden Gesellschafters. Das Projektteam bestand aus zehn MitarbeiterInnen verschiedener Bereiche und bildete die Organisation, so gut es ging von der Funktion als auch der Hierarchie ab. Darüber hinaus konnte die Projektleiterin die Betriebsratsvorsitzende gewinnen, in dem Team mitzuarbeiten.

Für das Projektteam gab es vier feste Termine, an denen sich alle gemeinsam zu moderierten Workshops trafen.

Schritt 2: Vier Fragen

Der erste gemeinsame Workshop. Start für das Projektteam mit dem Moderator.

Als Metapher wurde in Anlehnung an das Eingangszitat von Seneca etwas Maritimes ausgewählt. So erhielten die vier Themenbereiche, die den Tag gliederten, die Überschriften:

1. *Die Crew trifft zusammen.* Sich gegenseitig und den Auftrag kennenlernen.
2. *Das Schiff erkunden.* Der mögliche Nutzen und Sinn von Leitbildern wurde erörtert. Die TeilnehmerInnen berichteten, welche Leitbilder sie kennen.
3. *Segel setzen.* Wie entstehen Leitbilder? In einer geleiteten Phantasiereise konnten die TeilnehmerInnen ihre persönliche Zukunft so gestalten, wie sie sie sich wünschten. Über diese in der Vorstellung erlebte Zukunft - ihr persönliches Leitbild - tauschten sie sich danach zu zweit aus. So ungewohnt es sein mag, über sein Leitbild zu sprechen, so wichtig ist dieser Vorgang, denn Leitbilder werden in der Kommunikation lebendig.
   Als nächster Schritt wurden die TeilnehmerInnen in ihrer Vorstellung an "das Unternehmen meiner Wünsche" geführt, das es dann in gemalte Bilder umzusetzten galt.
4. *Fahrt aufnehmen.* Nachdem die Teilnehmer sich mit Ihren eigenen Wünschen und Vorstellungen auseinandergesetzt hatten und so das unbekannte Territorium von Visionen und Leitbildern erkundet hatten, waren sie

vorbereitet, den Schritt in die Organisation zu wagen. Um von den 600 Mitarbeiter der Klinik etwas über deren Wünsche und ihren Vorstellungen eines für sie attraktiven Unternehmens zu erfahren, gab es vier Fragen, die an alle gestellt werden sollten.

- Worauf sind Sie stolz in der Klinik?
- Worauf möchten Sie stolz sein in der Klinik?
- Was bedeutet die Klinik für Sie?
- Was sollte die Klinik für Sie und andere bedeuten?

Die Fragen sind so formuliert, daß die Gefühlsebene angesprochen wird, um auf dieser Ebene Antworten zu erhalten. Ein gemeinsam getragenes Leitbild enthält Gefühle, um etwas zu bewegen (Emotion hat die lateinische Wurzel emovere = herausbewegen, emporwühlen).

Die Fragen 2 und 4 zielen auf die erlebten Defizite, sind aber so formuliert, daß aus dem Problem ein Wunsch geformt wird. Das Projektteam ist mit der Aufgabe in die Organisation gegangen, diese vier Fragen möglichst allen MitarbeiterInnen in der Klinik zu stellen. Die Beantwortung der Fragen erfolgte schriftlich auf Metaplankarten, die eingesammelt wurden.

Die Aufteilung in dem Team - wer befragt welche Personengruppen - lief in einer Form der Kooperation und Bereitwilligkeit, sich zu unterstützen, die für mich sehr erstaunlich war.

Das Team gab eine erste unternehmensweite schriftliche Information an alle MitarbeiterInnen heraus, in der es die Befragung ankündigte (Nov. 95).

Schritt 3: Die Antworten und der erste Entwurf

Für den zweiten Workshop wurde eine "nahrhafte" Metapher gewählt mit 4 Themenbereichen:

1. *Die Ernte sichten.*

Berichte von den Befragungen und den Gefühlen, die dabei auftraten. Reaktionen von den Mitarbeitern reichten von Erstaunen, gefragt zu werden, bis zu der

Frage, was soll das nun schon wieder für ein Trick werden? Überwiegend wurde die Befragung positiv aufgenommen und man war gespannt, was daraus werden würde. Das Projektteam hatte 2250 Antworten eingesammelt und mitgebracht.

2. *Das Korn mahlen.*

In vier Untergruppen wurden die Karten gesichtet und zu Themenkreisen verdichtet. Die gefundenen Themenkreise wurden gegenseitig vorgestellt.

3. *Den Teig kneten.*

Aus den gefundenen Themenkreisen galt es jetzt, einen ersten Entwurf für ein Leitbild zu formulieren, das folgende Kriterien erfüllt:
- konkret
- positiv formuliert
- erreichbar
- ohne Modaloperatoren der Notwendigkeit (muß, soll) und der Möglichkeit (könnte)
- in ICH oder WIR Form
- kurz

Darüber hinaus sollte ein gemeinsames akzeptiertes Leitbild folgende Fragen beantworten:

Was wollen wir erreichen?

Warum gibt es unsere Organisation?

Wie wollen wir arbeiten, um unsere Vision zu erreichen?

In drei Gruppen wurden erste Formulierungen gefunden. Diese lasen sich die Gruppen gegenseitig vor und ließen sie wirken.

4. *Ein Brot backen.*

Aus drei mach eins - gemeinsam wurde an <u>einer</u> Formulierung gearbeitet und sie wurde gefunden.

Hurra! Der erste Entwurf stand. Er wurde mehrmals vorgelesen und die Mitglieder des Arbeitskreises ließen ihn auf sich wirken. Sie waren mit dem Ergebnis ihrer Arbeit sehr zufrieden.

Erster Leitbild-Entwurf:
Wir entwickeln die HERZ-KREISLAUF-KLINIK zu DEM Gesundheitszentrum, das mehr ist als ein Krankenhaus. Ganzheitliche Medizin bedeutet für uns: wir sehen den Patienten als Partner. Wir geben menschliche Zuwendung, qualifizierte Betreuung und bieten Technik auf hohem Niveau in ansprechender Atmosphäre.
Wir arbeiten im Team und schätzen unsere Unterschiedlichkeit. Wir pflegen kommukative, anerkennde Zusammenarbeit mit anderen Abteilungen. Wir arbeiten über Teamgrenzen hinweg freundlich und gut zusammen.
Wir fangen bei uns an:
- wir nehmen uns gegenseitig ernst
- wir sind beweglich
- wir sind mit Freude bei der Arbeit
- wir sind motiviert zum stetigen Lernen
- wir bilden uns fort

Wir handeln wirtschaftlich und umweltbewußt.
Unser „Arbeit-Geber" ist der Patient. Er schafft unseren guten Ruf. Dies sichert unseren Arbeitsplatz in der Zuknft und eine leistungsgerechte Bezahlung.

Der Arbeitsauftrag für das Team lautete jetzt: den MitarbeiterInnen den ersten Entwurf vorzustellen und ihre Meinung dazu einzuholen. Dazu wurde ein Fragebogen entworfen, in dem jede Person ihre Einschätzung dieses Entwurfs schriftlich abgeben konnte.

Kurzbewertung unseres Leitbildentwurfes

Übereinstimmung mit dem Entwurf in %	Das gefällt mir an diesem Entwurf:	Das würde ich gerne ergänzen/verändern:

```
— 100
—  90
—  80
—  70
—  60
—  50
—  40
—  30
—  20
—  10
—   0
```

Schritt 4: Zweiter Entwurf - der dritte Workshop mit der Metapher der Markt und den Teilen:

1. Das Brot wurde probiert.

Ausführliche Berichte von den ersten Präsentationen. Die Teammitglieder waren begeistert von ihren Erlebnissen und ihrem eigenen Mut, sich mit einem solchen ungewohnten Produkt <u>allein</u> vor ihre Kollegen gewagt zu haben. Es gab auch, wie zu erwarten war, sehr kritische Erlebnisse und Kommentare, so daß die Stimmung der TeilnehmerInnen eher gedrückt und die Erwartungen an die Auswertungsergebnisse eher gering war. Da weniges Negative häufig die vielen positiven Äußerungen überstrahlt, wurde die erste Auswertung der Thermometerskala für das ganze Team zu einem AHA-Effekt. Sie hatten bei weitem nicht mit einer so positiven Zustimmung gerechnet.

2. *Das Urteil der Abschmecker*
   Auswertung der Fragebögen. Erreicht wurden etwa 480 Mitarbeiter.
3. *Das Rezept ergänzen*
   Die Anregungen wurden eingearbeitet.
4. *Ein neues Brot backen.*
   Der zweite Entwurf war fertig formuliert.

Die Gruppe überlegte: wie zeigen wir den zweiten Entwurf, ohne daß es langweilig wird? (Zweimal waren die MitarbeiterInnen in derselben Konstellation zum Thema zusammengekommen.) Das Team kam auf die Idee, Info-Stände an bestimmten Stellen des Hauses aufzubauen, die von Teammitgliedern besetzt sind.

Schritt 5: Der letzte Schliff - der vierte Workshop:
Berichte von den Info-Ständen ergaben den letzten Feinschliff an der Formulierung. Nur noch ein Satz wurde gegenüber dem zweiten Entwurf verändert. Und so lautete die endgültige Fassung: Das Leitbild stand, der Arbeitsauftrag für diese Gruppe war erfüllt.

Leitbild

Wir entwickeln die HERZ-KREISLAUF-KLINIK zum Gesundheitszentrum, das mehr ist als ein Krankenhaus. Ganzheitliche Medizin und Pflege kümmern sich um Körper, Geist und Seele. Wir sind die Partner der Patienten. Wir geben menschliche Zuwendung, qualifizierte Betreuung und bieten Technik auf hohem Niveau in ansprechender Atmosphäre.
Wir arbeiten im Team und schätzen uns in unserer Unterschiedlichkeit. Wir pflegen kommunikative, anerkennende Zusammenarbeit mit anderen Abteilungen. Wir arbeiten über Teamgrenzen hinweg freundlich und gut zusammen.
Wie geht das?
Wir fangen bei uns an!

Wir nehmen uns gegenseitig ernst und reden miteinander.
Wir sind beweglich und mit Freude bei der Arbeit.
Wir sind motiviert zum stetigen Lernen und bilden uns fort.
Wir handeln wirtschaftlich und umweltbewußt.
Unser „Arbeit-Geber" ist der Patient. Unsere Leistung schafft
unseren guten Ruf, den die Patienten nach außen tragen-
eine Voraussetzung für einen sicheren Arbeitsplatz in der
Zukunft.

„Lustvoll" wurde von den die TeilnehmerInnen der Arbeitsgruppe eine Datensammlung unter der Überschrift: "Was
müssen wir tun, damit das Leitbild scheitert?" durchgeführt. Es
wurden eine Menge Möglichkeiten gefunden, wie zu
erkennen ist.
Um das Leitbild *scheitern zu lassen*, brauchen wir es nur ...
- lächerlich zu machen,
- abfällig zu beurteilen,
- jedem aufzuzwingen,
- gar nichts mehr zu tun,
- tot-zureden,
- als Druckmittel zu benutzen,
- permanent zu zitieren, ohne es zu praktizieren,
- als Alt-Papier zu benutzen,
- als das einzig Wahre hinzustellen - nur noch Leitbild!!
- die blöd zu finden, die das Leitbild ernst nehmen,
- Einzelne prämieren oder besonders hervorheben.

Als weitere Möglichkeiten, das Leitbild scheitern zu lassen,
fand die Arbeitsgruppe:
- sich selbst vom Leitbild zu distanzieren,
- die Arbeitsgruppe als zu wichtig darzustellen und
- wenn's uns nicht mehr wichtig ist.

Rückblick und Reflexion in der Arbeitsgruppe: Was haben wir
auf dem Weg, den wir gemeinsam gegangen sind, gelernt?
Als wesentliches Merkmal und offensichtlich überraschend für
die Menschen in dem Projektteam war das Erleben, daß

intensive und anstrengende Arbeit Spaß machen kann. Und: "Wir haben uns getraut etwas zu tun, was wir uns vorher nicht vorstellen konnten."

Schritt 6: Übergabe des Leitbildes an die Auftraggeber

Das Ergebnis des Erarbeitungsprozesses wurde den Auftraggebern im Direktorium präsentiert. Die Mitglieder des Direktoriums und der Trägerschaft konnten sich vollständig mit dem Leitbild identifizieren. Damit ist der Schlußstein im Gewölbe und das Leitbild ist ein gemeinsam getragenes. (Siehe Leitartikel des geschäftsführenden Gesellschafters in der Hauszeitschrift.)

Der Auftrag war abgeschlossen. Dem Projektteam wurde hohe Anerkennung ausgesprochen, und es wurde aus seinem Auftrag entlassen. Was in dem Bericht vor dem Direktorium von den Teammitgliedern immer wieder hervorgehoben wurde, war die Begeisterung und der Spaß, den sie bei dem Bearbeitungsprozeß erlebt hatten. Sie fanden es überraschend und sehr bemerkenswert.

Das Direktorium bat die Leitbild-Projektgruppe, als "Hüterin des Leitbildes" zu fungieren. Die Leitbildgruppe nahm diesen Auftrag an. Damit ist so etwas wie ein Organisationsgewissen institutionalisiert worden.

An dieser Stelle endet mein Bericht.

Gedanken zum Leitbild

Zum 20. Geburtstag der HERZ-KREISLAUF-KLINIK wurde der Gedanke an uns herangetragen, ein Leitbild entwickeln zu lassen. Wir waren bereit, die Kosten zu übernehmen und auf die Bedingungen einzugehen: keine Einfluß-nahme der Klinikleitung auf den Entwicklungsprozeß und Akzeptanz des Ergebnisses. Beides wurde zugesichert. Unter der

Moderation des externen Beraters, Jens Hennings, und der sehr engagierten Projektleiterin, Ilka-Marie Häusler, fanden sich auf Vorschlag der Fachbereiche zehn MitarbeiterInnen zu diesem Abenteuer zusammen. Alle TeilnehmerInnen haben dies nicht einfache Projekt mit überwiegend positiven Erfahrungen ´überlebt´ und sich bereit erklärt, als Hüter des Leitbildes die weitere Entwicklung zu begleiten.

Faszinierend für uns ist, daß das Leitbild Elemente enthält, die schon vor 20 Jahren von uns publiziert worden sind, und daß aus Gesprächsrunden, in denen dieses Leitbild breiten Kreisen der MitarbeiterInnen vorgestellt wurde, unabhängig von einander immer die gleichen Schwachpunkte analysiert wurden. Ein Zeichen dafür, daß es wirklich von der Basis entwickelt worden ist.

Ein finanzielles Geschenk zum 20jäh-rigen Bestehens des Unternehmens erhielt jeder Mitarbeiter bereits zum Jahreswechsel.

Das Leitbild ist ein Geschenk, das von uns gemeinsam erarbeitet wurde und an dem es für die nächsten 20 Jahre intensiv zu arbeiten gilt.

Ich bin dabei!   Gs

Die Organisation hat sich mit diesem Leitbild etwas geschaffen an dem sie sich, d. h. die Menschen in ihr sich ausrichten können. So wie in ein anderen Zusammenhang einmal formuliert wurde: Das Leitbild... vielleicht ist es nie erreichbar wie ein Stern und manchmal sogar hinter Wolken, aber es hilft uns, unseren Kurs zu halten, unsere Ziele zu erreichen und bei Abweichungen wieder auf Kurs zu kommen.

Christel Krug
Ein Unternehmen besteht die Krise

Die Bauschlosserei Schmied & Co. KG (Name geändert) feierte vor fünf Jahren ihr 100jähriges Bestehen. Sie ist in der hessischen Kleinstadt als gutgehendes Traditionsunternehmen bekannt. Die 50 Beschäftigten sind stolz darauf, daß es ihnen gelungen ist, bei Schmied & Co. KG eine solide Ausbildung und einen zukunftsicheren Arbeitsplatz zu bekommen.

Generationenwechsel - vieles verändert sich langsam
Vor neun Jahren übergab der Inhaber aus Altersgründen die Geschäfte an einen Geschäftsführer, die Geschäftsanteile zu gleichen Teilen an seine beiden Töchter, die sich jedoch beruflich bzw. familiär in andere Richtungen orientiert hatten. Der Geschäftsführer - seit der Schlosserlehre im Unternehmen tätig - verstand seine Aufgabe vor allem darin, das Alte zu bewahren. Doch Krisen am Bau und Öffnung des Marktes für Firmen aus dem europäischen Ausland führten dazu, daß zunehmende Verluste entstanden. Die Banken drückten lange Zeit ein Auge zu, war die Firma doch schon seit Generationen als solventes Unternehmen bekannt. Aber auch nachdem die Hausbank harte Einsparmaßnahmen - sprich Kündigungen - verlangte, begriffen weder Geschäftsleitung noch Beschäftigte den Ernst der Lage.

Ziele der Beratung - Wo wollen wir hin?
Da Kündigungen in der 105jährigen Geschichte der Firma Schmied & Co. KG bisher noch nicht vorgekommen waren, war man bereit, unseren Vorschlag aufzugreifen, der vorsah, auf ganzheitliche Weise gemeinsam mit den Beschäftigten eine neue Ausrichtung des Unternehmens zu bewerkstelligen. Neben der Sanierung, die zunächst im Vordergrund stand, wollte sich das Unternehmen zukunftsorientiert ausrichten. Wir

übernahmen den Auftrag, diesen Veränderungsprozeß zu moderieren.

Das Beraterteam
Die Beratung habe ich gemeinsam mit Herrn Markus Matt, Unternehmensberater und Controlling-Spezialist aus Österreich durchgeführt. Dies war unser erstes gemeinsames Beratungsprojekt. Aufgrund der Entfernung bestand die Vorarbeit in Telefongesprächen und dem Austausch von langen Fax-Nachrichten. Es war dann doch erstaunlich, wie schnell es uns gelang, auf dem Hintergrund des gemeinsamen Verständnisses über Veränderungsprozesse unsere unterschiedlichen Fähigkeiten und Erfahrungen zusammenwirken zu lassen.

Wie gingen wir vor?
Gemeinsam mit Inhaberinnen und Geschäftsführer wurde folgende Vorgehensweise festgelegt:

1. Die Belegschaft wurde im Rahmen eines abendlichen Treffens über die Situation des Unternehmens aufgeklärt und über den geplanten gemeinsamen Änderungsprozeß informiert. Dabei wurden drei Fragen gestellt, die auf Kärtchen von allen zu beantworten waren:
   a) Worin sehen Sie das wichtigste Problem?
   b) Was würden Sie tun, wenn Sie Unternehmer wären?
   c) Was erwarten Sie von der gemeinsamen Arbeit?
2. Mit einer Gruppe von 14 Leuten wurden Workshops durchgeführt, in denen die Neuausrichtung des Unternehmens erarbeitet wurde. Die Belegschaft wurde über die Workshops regelmäßig informiert und hatte die Möglichkeit, Einfluß darauf zu nehmen.

Motivation durch Einbeziehung der Beschäftigten
Die Mitarbeiterbefragung anläßlich der Belegschaftsversammlung deutete auf Veränderungsbedarf im Bereich Motivation, Zusammenarbeit und Führung hin.

Im ersten Workshop wurde dann ebenfalls der Faktor Personal als taktischer Engpaß identifiziert, der die Tagesarbeit belastet und eine Zukunftsausrichtung behindert. Erste Maßnahmenpläne wurden erstellt.

Eine der Maßnahmen zur Beseitigung des *strategischen* Engpasses Kapital war die Bildung eines Teams, das eine Mitarbeiterbefragung durchführte zum Thema: Wie können wir Kosten einsparen?

Hier wird schon deutlich, daß wir sehr viel Wert darauf legten, die Belegschaft nicht nur auf dem laufenden zu halten, sondern aktiv in den Veränderungsprozess miteinzubeziehen. Diese Mitwirkungsmöglichkeiten wurden gerne aufgegriffen und genutzt - von Mangel an Motivation keine Spur.

Ein Bild bestimmt über den Erfolg
Zwischen dem ersten und zweiten Workshop lagen vier Wochen. In dieser Zeit war erstaunlich wenig von den beschlossenen Maßnahmen in die Tat umgesetzt worden, was uns angesichts der krisenhaften Situation doch sehr überraschte.

Die Potentialanalyse brachte eine breite Palette von Stärken zutage - auch im Vergleich zum Wettbewerb. Eine Diskrepanz zu den anhaltenden Verlusten. Gleichzeitig wurde sichtbar, daß die Aufmerksamkeit rückwärts in die Vergangenheit gewandt war. Innovative Ansätze waren durchaus vorhanden (z.B. gab es Erfahrung mit Regenwasser-Rückgewinnungsanlagen), spielten jedoch keine Rolle. Eine Mitarbeiterin faßte es in dem Bild zusammen: **"Wir sind ein Unternehmen, das sich auf den Erfolgen der Vergangenheit ausruht."**

Dies erklärte vieles: Das "den Kopf in den Sand stecken" angesichts der Krise, das ausbleibende Umsetzen des Maßnahmenplanes, die Schwerfälligkeit insgesamt. Dieses Bild hatte Inhaberinnen, Geschäftsführer und die Beschäftigten eingeschläfert. Es zeigte weder Handlungsbedarf noch Handlungsmöglichkeiten auf.

Nachdem dieses Bild für alle sichtbar war, entstand Betroffenheit. Alle waren aufgerüttelt. Energie wurde frei, die jetzt genutzt werden konnte. Das neue Motto tauchte schnell auf: **"Wir nutzen unsere vergangenen Erfolge für die Erfolge unserer Zukunft!"**

Es wurden vier Fachteams aus Beschäftigten eingerichtet, die zuständig sind für die Umsetzung von Maßnahmen in den Bereichen "Vertrieb + Werbung", "Kosteneinsparungen", "Innovationen" und "Auftragsabwicklung und Bauüberwachung".

Eine Lenkungsgruppe, bestehend aus diesen Teamleitern und dem Geschäftsführer sowie einer Inhaberin, steuert und überwacht den gesamten Veränderungsprozeß. Sie sichtet z.B. Ideen und Maßahmenpläne, die von Mitarbeitern, Teams und in den Workshops erarbeitet wurden und werden und kanalisiert sie in die entsprechenden Fachteams zur weiteren Bearbeitung. Diese Lenkungsgruppe trifft sich seither einmal wöchentlich. Die Führung des Unternehmens ist somit auf viele Köpfe verteilt. Beschäftigte nutzen die Möglichkeit, sich zu engagieren.

Was hat sich bisher getan?
Die Neuausrichtung - vor fünf Monaten begonnen - ist noch nicht zu Ende. Erste Erfolge lassen sich jedoch nach dieser kurzen Zeit schon sehen:

Die Inhaberinnen berichten, daß viel Aktivität und Engagement im Unternehmen wahrnehmbar sind. Ein neues Wir-Gefühl ist entstanden.

Die gemeinsamen Bemühungen um Kosteneinsparungen tragen bereits Früchte. Gleichzeitig hat sich die Auftragslage verbessert - obwohl hier natürlich einiges getan wurde - kann man schon fast sagen auf "wunderbare" Weise. In diesem Jahr ist nun zum ersten Mal seit sechs Jahren mit einem positiven Ergebnis zu rechnen.

Nachdem die Maßnahmen zur Beseitigung der Engpässe greifen und der Weg aus der Krise schon beschritten wird, kann die Aufmerksamkeit weiter in die Zukunft gerichtet werden. Als nächstes wird die Firma Schmied & Co. KG ihre gemeinsame Vision entwickeln, Ziele ableiten und Marktstrategien erarbeiten. Für die nächsten 100 Jahre Erfolg für das Unternehmen und Lebensqualität für die Beschäftigten.

Bernhard Mack
Über traditionelle Managementtrainings und Personalentwicklung hinaus zu wirklichen Innovationen

Sie kennen diese Management-Trainings: Der Referent kommt mit einem Bündel schön gemalter Overhead-Folien, erzählt Ihnen etwas von den vier Wegen der Kommunikation und daß jede inhaltliche Information auch einen Beziehungsaspekt besitzt. Sie hören von der größeren Effektivität von Teamarbeit und daß Hierarchien die Produktivität vermindern. Sie nicken verständnisvoll, denn das ist das, was Sie ja längst schon wissen, und gehen unbefriedigt nach Hause.

Oder Sie bekommen eine neue, treffsichere (und auch kostspielige) Methode der Personalauswahl vorgestellt: Es wird Ihnen eine Comic-Zeichnung vorgelegt, auf der ein Strichmännchen so etwas wie Körner auf ein abgeerntetes Feld streut. Im zweiten Bild sehen Sie das gleiche Strichmännchen vor einem mannshohen Ährenfeld stehen. Die Frage an Sie ist nun : "Welches Bild ist Ihnen sympathischer?" Oder es wird Ihnen das Bild eines geschlossenen Kreises und eines geöffneten Kreises vorgelegt. Auch hier wieder die Frage: "Welches Bild ist Ihnen sympathischer?"

Nach ca. 20 solcher Bildserien wird so "herausgefunden", wie Ihre (oder die eines möglichen Stellenbewerbers) Leistungsmotivation, Ihre Frustrationstoleranz und Ihre Ergebnisorientierung bezüglich beruflicher Aufgaben entwickelt ist, und ob Sie (oder der zu Testende) für eine bestimmte Position geeignet sind. Es wird Ihnen ausführliche erzählt, daß es sich hierbei um wissenschaftlich entwickelte und mathematische exakt errechnete Verfahren handele, die durch große Stichproben regelmäßig auf den neusten Stand gebracht werden, eine hohe Meßgenauigkeit haben etc.

Die Liste der Absurditäten könnte endlos weitergeführt werden: Durch das Vervollständigen von Zahlenreihen nach der Stoppuhr soll Ihr Denkvermögen getestet werden, durch das visuelle Umkippen von Grafiken Ihre Kombinationsgabe überprüft und durch das Aussortieren nicht dazugehöriger Begriffe Ihr Logikvermögen eingeschätzt werden. Die sogenannte Wissenschaftlichkeit dabei ist jedoch ein Artefakt, ein Phantasiegebilde, mit mathematischen Begriffen verschleiert. Viele Psychologen haben nun genau nur dieses Zahlenspiel an der Universität gelernt, und man kann halt nur das verkaufen, was man gelernt hat, auch wenn es schon lange als Illusion erkannt wurde.

Ebenso viele Trainings: Sie basieren auf einer individualistischen Mono-Psychologie der 50ger Jahre, sind nett und manchmal witzig, jedoch für die praktische, wirklich effektive Umsetzung in den betrieblichen Alltag nicht nützlich.

Warum nenne ich das hier so ausführlich?
Ich möchte damit verdeutlichen, daß wir heute in großen Gebieten der Managementtrainings und der Personalauswahl-Psychologie in der Steinzeit leben und daß der Verdruß, den viele Kunden den traditionellen Methoden gegenüber haben, nur zu verständlich ist. Als freier Trainer habe ich mich bundesweit in den verschiedensten Trainingsinstituten umgeschaut und festgestellt, daß viele Trainer einfach keine umfassende Ausbildung darin haben, wirklich die Potentiale Ihrer Kunden zu wecken, wirklich auf die Bedürfnisse der Auftraggeber einzugehen. Immer wieder bemerke ich, daß Trainer aus Angst vor ihrer eigenen Unsicherheit auf Konzepte zurückgreifen, die zwar irgendwie die Zeit der Trainingstage füllen, aber einen hohlen und schalen Geschmack hinterlassen.

Der wesentliche Grund dafür ist, daß viele Trainer und Trainerinnen nicht den Mut haben, sich einer Unsicherheit und dem Unbekannten auszusetzen. Sie leben in der Angst, der Auftraggeber könnte merken, daß sie kein Patentrezept haben, und liefern deswegen ein "Patentrezept" nach dem anderen. Dem Kunden jedoch ist sofort klar: Ein Patenrezept kann niemals ein wirklich greifendes und wirksames Mittel sein, die höchst differenzierten und spezifischen Probleme eines Auftraggebers zu lösen. Ein Patenrezept kann kurzfristig auf der Oberfläche die Angst vor dem Versagen reduzieren, es kann den Schein von Kompetenz vermitteln und es kann ohne große Vorbereitung immer wieder auf die gleiche Art abgewickelt werden.

Somit ist ein Patentrezept oder ein Standardtraining ein Selbststabilisator für den Trainer, nicht jedoch eine Hilfe für den Auftraggeber. Das Psychologisieren muß immer zu kurz greifen, da es nur eine Ebene des hochkomplexen Gesamtprozesses betrieblicher Produktion berücksichtigt. Traditionelle Methoden sind in der heutigen Zeit der zunehmenden Beschleunigung von Prozessen, in der Globalisierung der Vernetzung von Kommunikation und Märkten, bei der wachsenden gegenseitigen Abhängigkeit von Entscheidungen und Entwicklungen nicht mehr hilfreich.

Um außergewöhnliche Ergebnisse zu erzielen, brauchen Sie außergewöhnliche Verfahren.

Was also braucht ein Trainer oder ein Coach, der mit Ihnen ein wirklich effektives und gewinnbringendes Vorgehen erarbeiten soll?

Zuerst einmal die Fähigkeit, das Unbekannte zu riskieren ("risking the unknown"). Nur wenn ich mich auf Unbekanntes einlasse, kann ich die spezifische Situation erkennen und etwas Sinnvolles herausfinden.

Zum Zweiten braucht er die Fähigkeit, seine eigene Intuition und Ganzhirnigkeit sowie die Ihre "anzuzapfen", d.h., das riesige Reservoir an Informationen, das in unserem sub-kognitiven Bewußtseinsbereich vorhanden ist, zu nutzen.

Zum Dritten braucht er den Mut, den Auftraggeber über die Grenzen des Bisher-Gewußten und -Probierten hinauszu-führen in einen Handlungs- und Denkbereich, der zuerst einmal fremdartig, ungewohnt und vielleicht sogar unlogisch wirkt. Dort liegen die wahren Potentiale, die dann verbunden werden mit den praktischen betriebswirtschaftlichen Er-fahrungen des Kunden und seiner Mitarbeiter.

Viertens ist für eine wirklich effektive und anhaltende Pro-duktivitätssteigerung nur eine mittel- oder langfristige Be-gleitung von konkreten Projekten sinnvoll. Einmalige "Fokal-interventionen" haben nach meiner praktischen Erfahrung oftmals zwar wichtige Prozesse in Gang gebracht, da der Mensch aber auch ein träges Gewohnheitstier ist, bedarf die Initialzündung meistens eines erneuten Anstoßes und einer kontinuierlichen Begleitung.

Fünftens braucht er neben dem offenen, prozeßorientierten Vorgehen ein klares inhaltliches Konzept, eine „Landkarte" in seinem Bewußtsein. Diese Landkarte hilft ihm und dem Kunden, sich in diesem spannenden Such- und Findeprozeß zu orientieren, zurechtzufinden und immer wieder den Blick auf den Gesamtkontext zu richten. Eine mögliche Landkarte ist das „Unternehmens-Erfolg"-Konzept von Rudolf Mann, das Zahlen als Ausdruck der im Betrieb vorherrschenden Kontakt- und Energiephänomene begreift. Oder die von mir ent-wickelte Methode, "Von den Randproblemen zum Kern vor-zustoßen", die durch eine seit Jahren erprobte Kombination von intuitivem Offensein für den Prozeß sowie einer spiraligen Fragesystematik den wesentlichen Hebel für Innovationen finden kann.

Ich möchte diese fünf Punkte im folgenden detaillierter ausführen:

1) Das Unbekannte riskieren.

Die Begegnung mit einem Kunden beginnt notwendig in der Ungewißheit: Wen treffe ich da, was ist das für ein Mensch oder ein Team, wie wird der Kontakt gelingen, welche konkreten Kontaktprozesse laufen im Team oder mit dem Auftraggeber ab? Hier schon beginnt die Diagnose, das offene Wahrnehmen der Ressourcen des Kunden im konkreten Prozeß. Der Trainer oder Coach ist dabei sein eigenes "Meßinstrument". Die Geschultheit seiner Wahrnehmung - getragen von jahrelanger Erfahrung - nimmt die feinen Nuancen wahr, die Aufschluß darüber geben, wo die eigentlichen Probleme liegen könnten, wo die Haupthindernisse liegen und welche Strategien bisher zu einem unbefriedigenden Ergebnis geführt haben.

Das Unbekannte riskieren heißt dabei, für einige Zeit das Risiko einzugehen und die Spannung auszuhalten, noch nichts zu wissen, noch nicht den Überblick zu haben, sondern geduldig zu schauen, bis die Wahrnehmung deutlich und klar wird. Wie der Delphin verschiedene Frequenzen aussendet, um auf mehreren Wellenbereichen das Wasser nach Beute abzutasten, so läßt der effektive Coach oder Trainer sich zuerst auf verschiedene Wahrnehmungsbereiche und Hypothesen ein, um das Thema zielsicher einkreisen zu können. Nimmt der Berater und Coach zu schnell die Fragen und Hypothesen des Auftraggebers als die relevanten auf, können beide sich in den alten, wenig effektiven Kreislauf des schon Bekannten verfangen. Es folgt dann die wirkungslose Strategie "mehr von demselben", die dann wieder zu einer Enttäuschung und zu Verlusten führt.

Das heißt: Ein effektiver Coach oder Trainer muß einerseits über ein großes Methodeninventar verfügen, das er jederzeit situations-adäquat einsetzen kann, und er muß andererseits bereit sein, auf jegliche Methoden zu verzichten, damit er das tun kann, was genau jetzt notwendig ist, d.h. die Not wendet. Die entscheidende Fähigkeit dabei ist, Spannung auszuhalten. Diese kreative Spannung ist die Vorbereitung auf einen Durchbruch, sozusagen auf die Möglichkeit, das System Betrieb auf ein höheres Energieniveau zu führen. Ohne Spannung und damit Energiezufuhr ist dies jedoch nicht möglich.

2) Die Würdigung der Intuition als unternehmerische Qualität

Damit im Zusammenhang steht die Möglichkeit, mehr als die altbekannten rationalen Vorgehensweisen der Informationsgewinnung zu nutzen. Es gibt eine große Reihe von Methoden, die - zugeschnitten auf den Kunden - die Denkfähigkeit und Kreativität der Mitarbeiter erhöhen.

Effektive Trainer arbeiten mit den Methoden der Entspannung, der Körperaktivierung und den verschiedenen Möglichkeiten, beide Hirn-Hemisphären einzusetzen. Was dadurch möglich wird, ist zunächst schier unglaublich, aber doch möglich: Der Kunde kommt auf Ideen, die vorher undenkbar schienen. Er entwickelt Handlungsalternativen, die vorher außerhalb seines Denkhorizonts lagen.

Eine wichtige Methode dabei ist die Induktion eines kreativen Erlebniszustands, von dem alle berühmten und einflußreichen Forscher und Erfinder berichten, daß sie ihre entscheidenden Erkenntnisse in diesem Zustand entdeckt hätten: die Trance oder die Tiefenentspannung, oder wie immer sie diesen angenehmen Zustand des Kontakts mit der "großen Tankstelle für Ideen und Energie" nennen wollen. Der effektive Trainer kann zwischen verschiedenen Intensitätsgraden von Trance unterscheiden und setzt sie situationsgemäß ein. Manchmal bedarf es nur einer kleinen Körperbewegung, um auf eine neue Idee oder in den Zustand eines "Moments of Excellence" zu kommen. Die Verfahren des NLP (Neurolinguistisches Programmieren) sind hier sehr effektiv. Manchmal bedarf es einer ausführlichen sprachlichen Induktion, begleitet von einer gezielten Körperarbeit. Was hat denn der Körper des Auftraggebers und seiner Mitarbeiter bei einer Betriebsberatung zu suchen?

Der Körper ist unsere Sende- und Empfangsstation, er verarbeitet alle Informationen, die wir benötigen. Ohne die Sinne, die inneren Nervenbahnen, ohne eine vitale Körperenergie und Offenheit für die Verknüpfung von Informationen (und nichts anderes ist kreatives Denken) kann es nicht zu wirklich neuartigen Lösungen kommen. Spitzenmanager joggen nicht nur deswegen, um körperlich fit zu bleiben, sondern auch und vor allem, um durch die Bewegung und den verstärkten Atem im Körper die für die Nerven-Synapsen notwendigen Botenstoffe (Transmittersubstanzen) auszuschütten, damit innovatives Denken überhaupt möglich wird. Beim Sport, in der Entspannung, in der Trance kommen die besten Ideen. Der effektive Trainer verbindet diese Vorgehensweisen zu einem ganzheitlichen Konzept und schneidet es konkret auf die Möglichkeiten des Kunden zu.

Als Intuitionsspezialist ist er somit auch ein Körperspezialist, ein Fitneß- und Bewegungsspezialist. Dies sind die Grundlagen für ein Mentaltraining, ohne das ein Boris Becker oder eine Steffi Graf niemals ein Match gewinnen könnten. Und auch diese beiden haben für ihr geistiges Fitnesstraining einen speziellen Begleiter, der sie darin unterstützt und es immer wieder neu auf ihre Situation zuschneidet.

Wenn der Kunde dieses Anzapfen eines größeren Wissenspools erstmal häufig erfahren hat, findet er es keinesfalls mehr merkwürdig oder absonderlich, sondern es wird für ihn so natürlich wie das Empfinden, daß man sich nach einer schönen Dusche einfach besser fühlt.

3) Bereitschaft zum Sprung ?

Die Spannung steigt, wenn der Kunde erkennt, daß mit den altbewährten Denkstrategien kein Innovationspotential für den Markt zu gewinnen ist. Die Konkurrenzfirma blüht, Spitzenkräfte verlassen die eigene Firma, der Krankenstand steigt langsam aber stetig und die eigene Lust und Motivation nimmt langsam ab. "Vielleicht sollte ich mal in Urlaub gehen, danach ist alles sicher besser". Doch das alte Vorgehen wird nach dem Urlaub nur zu oft wiederholt. Was es hier braucht, ist die Bereitschaft zum Sprung. Das Springen auf eine neue Welle des Erfolges, noch bevor die Energie der alte Welle völlig verbraucht ist, ist die entscheidende Strategie, um steigenden Erfolg zu gewährleisten.

- Aber wie gehe ich mit meiner Angst vor Neuem und Unbekanntem um?
- Wie gehe ich mit der mangelnden Risikobereitschaft meines Teilhabers oder meiner Mitarbeiter um?
- Wie kann ich handeln, ohne alle notwendigen Informationen für eine Entscheidung zusammen zu haben?
- Wie kann ich von einer Antwort zu vielen Antworten kommen und die resultierende Spannung kreativ umsetzen?
- Wie kann ich es riskieren, vom einschränkenden Horizont dessen, was ich eh schon weiß, dahin vorzustoßen, was ich ahne und vermute?
- Wie komme ich von einem Bildausschnitt zum Gesamtbild?
- Wie kann ich enge und zahlreiche Grenzen zu flexiblen und wenigen Grenzen verwandeln?
- Wie komme ich von dem, was ich nicht will zu dem, was ich will?
- Wie wandle ich langsame Information in schnelle Information in mir und in meinen Teams?

Zu diesen Fragen gibt es in den sog. Delphinstrategien (D.Lynch) sehr effektive Umstrukturierungen des Problemlöseprozesses. Der effektive Trainer kennt eine Reihe von unterstützenden Methoden, diesen Sprung im Denken, Fühlen und Handeln zu ermöglichen. Er vermittelt einsichtig die Dynamik von Risiko und Streß, sagt sich selbst und anderen kraftvoll die Wahrheit. Hierbei ist es für den Kunden und für den Trainer wichtig, das Ego von Fehlern und Erfolg abzukoppeln, damit eine klare Analyse der Situation möglich wird. In diesem Prozeß vermeiden wir da emotionale Drama, verzichten auf Schuldzuweisungen und nutzen die Kraft des Flusses.

Um diese wiederum zu erkennen bedarf es des selbstverständlichen Einsatzes der intuitiven Fähigkeiten. Damit werden Wahlmöglichkeiten geschaffen und die Grundlage dafür gelegt, den Durchbruch zu schaffen. Wir müssen uns mit dem Bewußtsein konfrontieren, daß heutzutage die Entwicklung so schnell verläuft, daß ein Durchbruch dem nächsten folgen muß. Heute treten Veränderungen so schnell ein, daß Erfolgsplateaus praktisch nicht mehr vorhanden sind. Wir können uns nicht mehr auf einer Plateauphase ausruhen, aber wir können lernen, den Wandlungsprozeß als unseren Normalzustand zu begreifen und den geistig-körperlich-seelischen Organismus, der wir sind, für diesen hochkomplexen und spannenden Fluß-Prozeß vorzubereiten und zu befähigen.

4) Schönheitschirurgie oder systemisches Denken?

Traditionelle Trainings beziehen sich häufig auf den Erwerb von Fähigkeiten oder Fertigkeiten der Mitarbeiter. Es wird etwas bewußt gemacht und manchmal auch geübt, was dann in der Praxis angewandt werden soll. Die Geschäftswelt und andere menschliche Unternehmen sind jedoch Systeme. "Sie sind durch ein unsichtbares Gewebe von zusammenhängenden Handlungen verbunden, die oft erst nach Jahren ihre volle Wirkung aufeinander entfalten. Da wir selbst ein Teil dieses filigranen Musters sind, fällt es uns doppelt schwer, das volle Bild der Veränderung zu erfassen. Statt dessen neigen wir dazu, uns auf "Schnappschüsse" von isolierten Systemteilen zu konzentrieren, und wundern uns, warum unsere größeren Probleme scheinbar unlösbar sind" (Peter Senge).

Wenn wir uns auf die Ebene des Systemdenkens begeben, ändert sich unsere Wahrnehmung grundlegend. Wir erkennen die Muster, die die Ereignisse steuern, und erfahren die Möglichkeit, den Wald und die Bäume zu sehen. Durch das Handwerkszeug des Systemdenkens bekommen wir ein Instrument in die Hände, das uns aus betrieblichen Sackgassen herausführen kann. Einige wenige möchte ich hier zur Veranschaulichung anführen:

- Kleine Veränderungen können eine Riesenwirkung haben - und die Maßnahmen mit der stärksten Hebelwirkung sind häufig zugleich die unauffälligsten. Um schwierige Probleme zu lösen, müssen wir erkennen, wo die Hebelwirkung am größten ist, d.h. welche Veränderung mit einem Minimum an Anstrengung zu einer dauerhaften Verbesserung führt.
- Der bequemste Ausweg erweist sich oft als Drehtür.
- Jede Entwicklung hat die ihr eigene Geschwindigkeit. Oft ist schneller langsamer, wenn wir die optimalen Wachstumsraten eines Prozesses nicht berücksichtigen.
- Wenn wir uns in eine unreflektierte Richtung anstrengen, wird alles noch schlimmer.
- Oft braucht eine Intervention Zeit, bis sie die gewünschten Erfolge bringt. Sie zu früh wieder zu verwerfen kann fatal sein und geht oft von der irrigen Vorstellung aus, daß Ursache und Wirkung räumlich und zeitlich dicht beieinander liegen (vgl. P. Senge).

Durch unser Denken und Handeln gestalten wir unsere Welt. Unsere Umwelt ist keine gegebene feste objektive Größe, sondern wird von unserer Wahrnehmung und unseren mentalen Modellen entscheidend mitgeprägt.

Ich mache das meinen Auftraggebern oft mit folgendem Beispiel klar: Was ändert sich an Ihrer Beurteilung Ihrer betrieblichen Situation,

- wenn Sie Ihren Betrieb als den Überlebenskampf von konkurrierenden Leistungsträgern ansehen,
- wenn Sie Ihre Produktivität als das Ergebnis von gruppendynamischen sozialen Prozessen sehen,
- wenn Sie die Kommunikation als von den Gefühlen der Mitarbeiter und ihrer Zufriedenheit her geprägt definieren,
- wenn Sie Ihren Betrieb als ein Reaktionsmuster auf die Gesetze des Marktes und der internationalen Entwicklungen betrachten,
- wenn Sie den Produktionsprozeß unter dem Gesichtspunkt der Qualifikation der Mitarbeiter und der Qualitätskontrolle bewerten,
- wenn Sie das betriebliche Handeln als von der gemeinsamen Vision getragen erleben (usw.).

Sie werden feststellen:
Das Wahrnehmungsergebnis ändert sich jeweils mit der jeweils unterschiedlichen Perspektive. Jede dieser Wahrnehmungen hat einen wahren Kern in sich. Und: Sie erfassen mit jeder dieser Einzelmeinungen nur einen Aspekt im Wechselwirkungsgesamt Ihres Betriebes als Teil der wirtschaftlichen Gesamtentwicklung.

Mit Hilfe des systemischen Denkens können wir lernen, zahlreiche wichtige Faktoren zu untersuchen und deren Rückkopplungsprozesse untereinander zu analysieren und zu verstehen. Nur so können wir sie handhaben, ohne daß sie uns überrollen. Meine Erfahrung ist, daß dieses Denken lernbar ist und neue, effektive Wege ermöglicht.
Durch gezielte Interventionen wird darüber hinaus erfahrbar deutlich, daß der Produktionsprozeß im wesentlichen ein

Umwandlungsprozeß von materieller, sozialer und geistiger Energie darstellt. Diese Energievorgänge im Betrieb deutlich zu machen gehört zu den vornehmsten Aufgaben eines effektiven Trainers oder Coachs.

Dies kann jedoch nicht mit einem einmaligen Seminar geleistet werden, sondern bedarf einer kontinuierlichen Begleitung eines Innovationsprozesses mit Hilfe von mehreren, in unterschiedlichen Kompetenzbereichen qualifizierten Beratern.

5) Der Weg zum Landkartenbewußtsein

Ermöglicht uns das systemische Denken den Übergang von zu kurz greifenden Teilkonzepten zu einer Gesamtschau, die auch die Gegenkräfte mit einbezieht, so arbeiten wir im fünften Schritt auf einem Landkartenbewußtsein der Beteiligten, damit der Trainer langfristig überflüssig wird und die Belegschaft den Prozeß selbst weiter in die Hand nehmen kann.

Hierzu ist einmal das Material von Rudolf Mann "Unternehmens-Erfolg" eine wichtige Handreichung. Ferner zeigen Erfahrungen, daß Teams nach einer gewissen Zeit "angenehme Kulturen" übernehmen, so z.B. wenn ein Team erfährt, daß es langfristig befriedigender ist, bestimmte Formen und Inhalte der Interaktion und der Analyse von betrieblichen Prozessen regelmäßig durchzuführen. Es setzt eine positive Rückkopplungsschleife ein. So habe ich oft erlebt, daß Teams, die in meinen Teamentwicklungen eine Steigerung der Effektivität durch sog. Runden erfahren hatten, diese dann wie selbstverständlich als neue eigene Kultur einführten.

Eine "Runde" ist eine Methode, bei der jedes Teammitglied zu Beginn und am Ende einer Sitzung einige weniger Sätze zu seiner/ihrer momentanen Befindlichkeit und Einschätzung der Situation sagt. Dies hat einen starken klärenden und energetisierenden Einfluß auf die inhaltliche Arbeit und wird als angenehm empfunden. Das Prozeßbewußtsein der Mitarbeiter kann durch eine Reihe weiterer Methoden entwickelt werden. Es zeigte sich, daß es möglich ist, daß Mitarbeiter ihren persönlichen Lernbestand auf einer komplexen, systemisch orientierten Landkarte einschätzen lernen können:

- Auf welcher Ebene liegen die Probleme und Chancen?
- Ist es z.B. ein Kontakt- oder ein inhaltliches oder ein marktwirtschaftliches Problem?
- Was ist der Symptomgewinn, d.h. der indirekte Gewinn durch den Verlust?
- Was ändert sich an der Sichtweise des Problems, wenn ich die Verschiedenheit der Menschen respektiere und ihre unterschiedliche Weise zu lernen als einen Gewinn betrachte?
- Ist die Lösung der aktuellen Krise eher in den mentalen Modellen, den persönlichen emotionalen Problemen, den Gruppen-**Strukturen** oder in Widersprüchen in der Vision zu suchen?
- Wo liegen die Wechselwirkungen dieser Dynamiken?
- Wo liegen die inneren Widersprüche innerhalb einer Strategie?

Der effektive Trainer oder Coach zeigt, wie die Beratung mit dieser neuen Denkmethodologie von den Randproblemen zu den Kernproblemen vorstoßen kann, wie die Kernproblematik zu einer **Kernenergie** gewandelt werden kann. Wir erfahren dabei das riesige ungenutzte Potential im Menschen. Beachtet der effektive Trainer dabei die Hauptregel, daß das Lernen in einem realen Kontext erfolgen soll, wird die höhere Effektivität ganzheitlicher Trainings gegenüber traditionellem Vorgehen deutlich.

Zusammenfassung :

Dieser kurze Aufsatz sollte zeigen, daß die Verbindung von
- das Unbekannte zu riskieren,
- die Intuition und die ganzhirnige Kreativität anzuzapfen,
- die Bereitschaft zum Durchbruch vorzubereiten,
- systemisches und energetisches Denken einzuführen und
- ein Prozeßbewußtsein bei den Beteiligten zu vermitteln
eine Methode darstellt, die über traditionelles Management-
training hinausgeht und ein spannendes, innovatives Abenteuer in Sachen Unternehmenserfolg sein kann.

Literaturempfehlung:

- Peter Senge, Die fünfte Disziplin, Klett-Cotta, 1996
- Dudley Lynch/Paul Kordis,
  Delphinstrategien Management Strategien in chaotischen
  Systemen, Paidia-Verlag. 1992

Rudolf Mann
Die Wahl zwischen Mißerfolg und Unternehmenserfolg

Stell Dir vor, Du kannst Deine Zukunft erschaffen
nach Deinen Wünschen
mühelos wie eine Bestellung im Restaurant.
Du kennst die vier Ebenen
und Du weißt, wie es geht:
Ein geistiges Bild, ein Wunsch, eine Vision
wird mit Energie aufgeladen
durch ein „Klick" in Bewegung gebracht
wie beim PC mit der Maus
bis es real existiert. Mühelos.

Wenn Du genau hinschaust
kannst Du sehen, was gelaufen ist.
Wenn das Ziel sich erfüllt (Erfolg)
hast Du es bewußt geschaffen
nach Deinem geistigen Bild.
Wenn Dein Wunsch sich nicht erfüllt (Mißerfolg)
hast Du es nicht bewußt gemacht.
Oder hattest du es doch so gewollt?
Jetzt erweiterst Du Dein Bewußtsein:
Wenn Du das, was Realität wird
nicht bewußt geschaffen hast
muß es unbewußt geschehen sein
damit wird Unbewußtes bewußt. Danke.

Also ist Mißerfolg auch ein Erfolg:
Wenn Unbewußtes bewußt wird
verliert es die Macht über mich.
Beim nächsten Mal habe ich die Wahl
ob ich bewußt oder unbewußt erschaffe.

Wenn ich also wähle
daß ich Wünsche erschaffen kann
bin ich immer erfolgreich:
entweder sie erfüllen sich
oder es zeigt sich die Blockade
die bisher Mißerfolg brachte
damit ich frei davon werde.
Ich kann aber genausogut wählen
daß ich nicht wählen kann.
Dann mache ich eben weiter
wie bisher. Bewußt und unbewußt.

Gibt es einen höheren Willen
der über uns steht und sagt
wir dürfen nicht wählen?
Es sei verboten aus irgendeinem Grund.
Oder geht es um mein inneres Selbst
das Höhere, das Göttliche in mir
das immer dann durchkommt
wenn die freie Selbsbestimmung
unbewußte Verhaltensmuster ablöst.
Ist das unser Ziel
authentisch zu sein?

Hinter dem Bild meiner Wünsche
gibt es etwas dahinter, eine Idee
ein Kontext aus Information und Gefühl
der Erfolg oder Mißerfolg bestimmt.
Dem bin ich hilflos ausgeliefert
solange ich ihn nicht kenne
weil er unbewußt wirkt.
Wenn ich ihn entdecke
bin ich frei. Selbst - ständig.

Unternehmen ziehen Menschen an
die tief innen die gleiche Vision haben
und wenn ihr „Nein" zueinander paßt
denn Gleiches zieht Gleiches an.
Weil hier kollektives Lernen möglich ist
wird die Auflösung der Blockade erleichtert.
Sind Unternehmen auch Schulen, Heilstätten
wo man Muster auflöst und Visionen erfüllt
um frei und glücklich zu werden?

Ich kann jetzt wählen
ob ich die Chance nutze oder nicht.
Das Bisherige fühlt sich wie Geborgenheit
das Neue verlangt den Sprung.
Den Sprung in den Fluß des Lebens.
Der Sprung ins Ungewisse.
Der Sprung in die Freiheit.

Freiheit heißt loslassen
alles das, was geschieht
es kommt immer anders
als Du denkst, bis zum Ziel.
Leben ist kreativer als Planen
vertraue dem was geschieht
es ist das was Du brauchst.
Auf dem Weg bis zum Wunsch
siehst Du nur einen Teil
solange Du trennst
zwischen Richtig und Falsch
bleibt das Ganze verborgen.

Literatur dazu, Seminare, Klausuren und persönliche Begleitung vom Autor, um gemeinsam Probleme in Lösungen für
morgen zu wandeln.

Markus Matt
Erfahrungsbericht aus meiner tägliche Betriebsberatungspraxis

Situationsbericht
Aus meinen bisherigen Erfahrungen in Rechnungswesen und Controlling tauchen heute in Unternehmen und Organisationen immer wieder ähnliche Probleme auf:
- Fixkosten können nicht oder nur sehr schwer abgebaut werden.
- Personalkosten steigen laufend.
- Für bestimmte Branchen wird die Arbeitszeit verkürzt.
- Die Preise am Markt können nicht mehr oder nur ganz geringfügig angehoben werden.
- Die Absatzmengen können nicht mehr gesteigert - z.T. muß auch mit erheblichen Rückgängen gerechnet werden.

Daraus folgt ein rapides Sinken der Betriebsergebnisse. Bereits bei der Erstellung des Jahresbudgets tauchen dann sehr häufig große Verluste auf.

In den Budgetsitzungen und bei Besprechungen von Soll-Ist-Vergleichen herrscht bei der Unternehmensleitung und beim Berater zusehends Ratlosigkeit über die zu setzenden Maßnahmen, die mittel- und langfristig eine Verbesserung der Situation herbeiführen könnten.
Zur Diskussion steht in diesen Fällen dann meist der Personalabbau an erster Stelle. Dabei wird aber kaum bedacht, welch wertvolles Potential durch einen solchen Schritt für das Unternehmen verloren geht.

Ein möglicher Lösungsweg
Im Jahre 1995 stieß ich erstmals auf den neu aufgelegten Leitfaden "Unternehmens-Erfolg durch Einbeziehen der Mitarbeiter - Fit für die Zukunft in 100 Schritten" von Rudolf Mann

und beschäftigte mich intensiv damit. In einem nächsten Schritt versuchte ich, den „Unternehmens-Erfolg" in meinem eigenen Beratungsunternehmen umzusetzen, und merkte sehr bald, wie wirkungsvoll die Arbeit mit diesen Instrumenten ist. Neben vielen anderen Erkenntnissen lernte ich, hinter die Zahlen zu schauen, nicht beim zahlenmäßigen Soll-Ist-Vergleich stehen zu bleiben und die Ursachen für die Zielabweichungen aufzuspüren.

Seit den ersten eigenen Erfahrungen vor ca. zwei Jahren konnte ich nun bereits in vier Unternehmen mit der Umsetzung von „Unternehmens-Erfolg" beginnen und von sieben weiteren Unternehmen liegen konkrete Anfragen bzw. Zusagen für einen Beratungsauftrag zur Begleitung vor. In den Vorgesprächen zeigte sich deutlich, es ist heute für viele Unternehmer und leitende Mitarbeiter ein großes Anliegen, den **Menschen** wieder in den Mittelpunkt des Unternehmens zu rücken. Für mich als Berater sehe ich es als Gebot der Stunde, mit ganzheitlichen Ansätzen und Methoden in Unternehmen (natürlich auch in Non-Profit-Organisationen wie Sozialeinrichtungen) zu arbeiten, um **miteinander** zeitgemäße Lösungen für die Zukunft zu suchen.

Eigene Erfahrungen bei der Umsetzung von „Unternehmens-Erfolgs"
In folgenden Unternehmen konnte ich bereits die Anwendung begleiten bzw. es laufen derzeit Projekte:
- Ein kleines EDV-Software - und Schulungsunternehmen,
- ein Handwerksbetrieb, der bereits in der Krise steckt („Unternehmens-Erfolg" als Alternative zu einer herkömmlichen Sanierung),
- ein Architekturbüro (mit spezieller Ausrichtung auf Baumanagement) und
- Begleitung bei der Umsetzung in einem Zimmereibetrieb.

Da eine detaillierte Darstellung der einzelnen Projekte den Rahmen dieses Beitrags sprengen würde, möchte ich überblicksmäßig den Verlauf der ersten Beratungssequenz bei dem oben angeführten Architekturbüro schildern.

Im Mai 1996 hatte ich mit einem langjährigen Klienten eine Besprechung zum Soll-Ist-Vergleich. Weiters wurde die Gehaltsanpassung mit den Mitarbeitern besprochen. Die Optimierung der Nettobezüge stand dabei im Vordergrund. In diesem Gespräch wurde dann auch eingehend über die Entfaltung der Fähigkeiten einzelner Menschen im Betrieb diskutiert. Es kamen u.a. auch folgende Fragen zur Sprache: „ Welche Ziele verfolgt der Unternehmer mit seiner Firma ? " „ Wo liegen die Stärken und Schwächen in unserem Büro ? ..."

Je länger wir um diese Fragen kreisten, desto mehr spürte ich, hier könnte das Werkzeug „Unternehmens-Erfolg" gute Hilfe und Orientierung bieten. Es gelang mir im Verlauf des Gesprächs die Idee, die hinter dem „Unternehmens-Erfolg" steckt, nahezubringen, worauf der Inhaber des Architekturbüros dann ganz spontan fragte: „ Wann und wie können wir mit der Anwendung dieses Instrumentes beginnen?" Auch die Angestellten waren an der Mitarbeit sofort brennend interessiert.

Wir vereinbarten einen Termin innerhalb der nächsten vier Wochen zu einer ersten eintägigen Klausur außer Haus. Bei der Vorbereitung auf das Seminar entschied ich mich für eines der fünf Module aus dem „Unternehmens-Erfolg" nach R. Mann - namentlich für die ENGPASSANALYSE. Dabei gilt es, die Blockaden, die die Nutzung der Unternehmenspotentiale behindern, aufzuspüren.

Ich organisierte für die Planungsfirma mit vier Mitarbeitern einen Klausurtag. Da mir eine angenehme Atmosphäre bei der gemeinsamen Arbeit sehr wichtig erschien, entschied ich mich für einen Seminarraum in einer Bildungs- und Begegnungsstätte in ruhiger Lage.

In sechs Arbeitsstunden mit mehreren Pausen und gemeinsamem Mittagessen verlief das Programm wie folgt:

Methode:
- Leitfaden „Unternehmens-Erfolg" von R. Mann
- Ergebnissicherung auf Flipchart
- Entspannungsübungen
Einstieg:
- Kurze Vorstellung zur Arbeitsweise mit dem „Unternehmens-Erfolg" (Vortrag)
- Erwartungen der Teilnehmer an den gemeinsamen Prozeß sammeln

Vor dem eigentlichen Beginn der Arbeit machte ich eine kurze Entspannungsübung mit den Teilnehmern. So stimmten wir uns ein und öffneten uns für den bevorstehenden Prozeß, der vorherrschend auf der Gefühlsebene und weniger vom Intellekt her ablaufen sollte.

Schritt 1: Wo liegt unser größter Engpaß (Minimumfaktor)?
Die Teilnehmer sammelten entscheidende Probleme zu den fünf Faktoren KAPITAL, MATERIAL, PERSONAL, ABSATZ und KNOW-HOW. Die Bewertung der Ergebnisse ergab den taktischen Engpaß im **Absatzbereich.** Dazu wurden folgende Problemfelder genannt: Bekanntheitsgrad, persönliche Beziehungen, Einseitigkeit, Leistungspalette, Kontakte zu öffentlichen Bauträgern, PR-Maßnahmen.

Schritt 2 und 3: Erstellung der Strategischen Bilanz (Energiebilanz):
Dabei ging es nun nicht mehr ausschließlich um die vordergründigen Probleme, sondern vor allem um Anziehung und Abhängigkeiten im Unternehmen.
Jeder bearbeitete die Formulare 7.10 (Wo andere uns brauchen? Wo wir als Unternehmen Sog ausüben? AKTIVA) und 7.11 (Wo wir andere brauchen? PASSIVA) für sich. Diese Ergebnisse der einzelnen Teilnehmer wurden dann zu einem

gemeinsamen Bild auf dem Flipchart zusammengetragen. Anschließend erfolgte die Bewertung der Aktiv- und Passivseite nach der vorgesehenen Methode im Handbuch.

Ergebnis:
Der strategische Engpaß liegt - ebenso wie der taktische - im Bereich **Absatz.** Für das Unternehmen zeigt sich zwar eine große Anziehung auf die Kunden, andererseits führt die besondere Kundenstruktur (fast nur Baumanagement bei öffentlichen Großbauten) in starke Abhängigkeit gegenüber den Auftraggebern. Die Aufträge sind eher langfristig und zeitintensiv, was z.B. bei zeitlichen Auftragsverschiebungen äußerst negative Auswirkungen zeigt.

Schritt 4: Maßnahmenplanung, die hilft, die Attraktivität gegenüber dem Kunden zu erhöhen (Formular 8.04) und negative Abhängigkeiten zu reduzieren (Formular 8.05). Wir machten ein Brainstorming am Flipchart mit anschließender Bewertung mi Hilfe der MOSES-Analyse. Dabei handelt es sich um ein Verfahren, Maßnahmen auf die strategische Wirkung hin abzuprüfen.

Schritt 5: Erstellung des Schwerpunktprogrammes zur Engpaßbeseitigung.
Die zehn strategisch wirkungsvollsten Maßnahmen aus der MOSES-Analyse (Schritt 4) ergaben die nachstehende Maßnahmenliste:
     1. persönliche Gespräche mit Architekten
     2. Referenzenliste und Dokumentationen
     3. Paketlösungen anbieten
     4. Baubegehungen (Vorführungen)
     5. persönliche Vorsprache bei Behörden
     6. PR-Maßnahmen bei Projektübergaben ausarbeiten
     7. Verbesserung der Verträge (Checkliste)
     8. persönliche Erreichbarkeit - Maßnahmen
     9. „Genauigkeit der Arbeit" 80/20 Regel
    10. Erstellung eines Leitbildes

Ergebnis:

Die Visualisierung der Maßnahmenplanung ergab eine Verschiebung des Engpasses in Richtung **Kapital.** Die Summe der fünf Abstände (Gesamtenergie) hat sich aber nur geringfügig zum Positiven verändert. Das bedeutet für das Unternehmen, die getroffenen Maßnahmen noch zu intensivieren und zu erweitern, so daß die Gesamtenergie des Unternehmens verstärkt wird.

Am Ende des Seminartages waren alle Teilnehmer entschlossen, regelmäßig alle 14 Tage in gemeinsamen Treffen an der Maßnahmenliste weiterzuarbeiten und deren Umsetzung in die Tat zu prüfen. Der Unternehmer hat sich entschieden, die nächsten Schritte mit dem „Unternehmens-Erfolg" intern unter Einbeziehung seiner Mitarbeiter auszuarbeiten. In einer nächsten Klausur in drei bis vier Monaten soll dann ein Wunschbild und, daraus abgeleitet, ein Leitbild entwickelt werden.

Feedback vom Inhaber des Architekturbüros zum Tagesseminar 1. Teil „Strategie-Konzept":

Spontan habe ich mich mit meinem kleinen Büro entschlossen, dieses Seminar mit Markus Matt zu veranstalten. Unter dem Alltagsdruck ist es nämlich nicht möglich, Zukunftsängste in bezug auf das Unternehmen zu reflektieren und wirksame Maßnahmen zu dessen Sicherung zu setzen.

Die Erwartungen der Teilnehmer an das Tagesseminar waren entsprechend widersprüchlich. Aus dieser Situation heraus machte Hr. Matt den Vorschlag, mit der ENGPASSANALYSE, einem der fünf Bausteine aus dem Strategiekonzept des Unternehmens-Erfolgs, zu beginnen.

Den Engpaß im Unternehmen erarbeiteten wir, indem alle Teilnehmer Punkte für den größten bzw. kleinsten Engpaß der Gruppen Kapital, Material, Personal, Absatz und Know-how verteilten. Diese fünf Begriffe wurden vorher von uns unter der Leitung von M.Matt inhaltlich definiert. Zu erwähnen ist sicherlich, daß Markus Matt immer wieder betonte, nicht analytisch intellektuell, sondern nur aus dem Herzen und dem Gefühl heraus zu bewerten. Es war spannend, überraschend und aufregend mitzuerleben, wie es der gesamten Gruppe unter der Führung des Moderators gelang, Ergebnisse gezielt herauszuarbeiten.

Diffus war ja in uns dieses Wissen schon vorhanden, aber es wurde durch dieses Seminar sozusagen sichtbar gemacht und ins Bewußtsein gerückt.
Wir erarbeiteten Aktiva (wo andere uns brauchen) und Passiva (wo wir andere brauchen) und am Ende des Tages konnten wir tatsächlich darangehen, gezielt Maßnahmen zur Verstärkung unserer Aktiv-Seite und Reduktion der Abhängigkeiten aufzulisten.
Die Schwerpunkte terminisierten wir in einer Maßnahmenliste.

Fredy Moser
Haben Sie sich nicht auch schon einmal folgende Fragen gestellt?

Wie kann das Potential in meiner Firma verdoppelt bis verdreifacht werden?
Wie führe ich Mitarbeiter dazu, eine Bleikugel zum Rollen zu bringen?

Nehmen wir einmal an, Ihre Firma, ein klassisches Handelsunternehmen in einer von der Rezession stark betroffenen Branche, soll restrukturiert werden, da in den letzten Jahren grössere Verluste hingenommen werden mussten. Die Aufrechterhaltung der Kreditlimits verschiedener darin involvierter Banken ist in Frage gestellt. Was würden Sie in diesem Fall tun? Natürlich, einen externen Berater beauftragen, der Ihre Firma von aussen begutachtet und Ihnen Vorschläge unterbreitet. Im hier vorliegenden Fall wird eine renommierte Beratungsgesellschaft - mit dem Auftrag, ein Restrukturierungskonzept auszuarbeiten - eingeschaltet.

Als erstes wird vorgeschlagen, eine Unternehmensanalyse vorzunehmen. Die wichtigsten Teile dabei bilden die Substanzwertbilanz, die bereinigte Erfolgsrechnung sowie das Erstellen eines Finanzplans. Ebenso will der Mandatsleiter das operative Geschäft mit der strategischen Ausrichtung prüfen.

Als zweiter Schritt wird beabsichtigt, verschiedene Restrukturierungsvarianten, basierend auf der Unternehmensanalyse, auszuarbeiten. Bei diesen Varianten sollen die Interessen der Banken und des Unternehmes berücksichtigt werden. Die Beurteilung der Handlungsvarianten soll zwischen der Geschäftsleitung des Unternehmens und dem Mandatsleiter vollzogen werden. Am Schluss soll man sich auf eine Variante einigen, die von der Geschäftsleitung umgesetzt wird.

Sehen Sie, das ganze Schauspiel ist also nur für die Augen und Ohren der "höheren Etage" vorgesehen, ganz nach dem klassischen Stil: Anweisungen erteilen, Gehorsam erwarten und kontrollieren. Das führt dazu, dass alle Mitarbeiter samt mittlerem und oberem Kader verunsichert sind und damit sehr wenig von sich selbst preisgeben.

In meinem Fall unterbreitet mir mein Klient die vom Mandatsleiter erhaltenen Unterlagen und fragt mich nach meiner Meinung. In einem langen Gespräch picken wir gemeinsam zwei Punkte heraus. Zuerst fragen wir uns, ob das heutige Führungsverhalten richtig ist. Was früher vielleicht richtig war, soll und muss heute nicht mehr unbedingt gelten. Der zweite, noch wichtigere Punkt ist, dass die Mitarbeiter mitwirken und mitverantworten. Das bedingt jedoch, dass die Mitarbeiter und die Führung gewillt sind, Verantwortung zu übernehmen und gegenseitig Vertrauen zu haben. Das gegenseitige Vertrauen, das wir im Privatleben schon lange praktizieren, wird im Wirtschaftsleben einfach vergessen. Es ist ein zäher Lernprozess, diese Veränderung im Wirtschaftsleben durchzustehen. Genau dort liegt der Anfang der Problemlösung. Als nächstes habe ich meinem Kunden das Bild der vier Ebenen, das Sie auf Seite 31 finden, ans Flipchart gezeichnet.

Geist - Energie - Be-weg-ung - Materie

Ich erkläre meinem Kunden, dass das vorliegende Konzept des Beraters die Ebenen Bewegung und Materie beinhaltet, d.h. nur als Symptom-Bekämpfung wirkt. Bei den Banken könnte dieses Vorgehen kurzfristig von Erfolg gekrönt sein, vielleicht auch, weil der Berater sehr bekannt ist. Mittel- und langfristiger Erfolg wird dieser Restrukturierung nicht beschieden sein, da der wichtigste Faktor - die Mitarbeiter - nicht miteinbezogen ist. Mein Kunde ist irritiert, als ich ihm sage, dass er mit dem vorgeschlagenen klassischen Sanierungsvorgehen in kurzer Zeit, d.h. in drei bis maximal sieben Jahren, wieder in der gleichen Situation ist. Ich erkläre ihm auch, dass nur seine Mitarbeiter das Potential, die Kräfte, das Wissen und die geistige Fähigkeit besitzen, in der Firma das richtige zu bewegen. Es ist wichtig zu wissen: denkende, selbstbewusste Menschen geben freiwillig Leistung, oder sie geben gar nichts.

Die gewünschte Bedenkzeit habe ich meinem Kunden selbstverständlich eingeräumt. Am nächsten Tag erreicht mich ein Anruf. Der Klient bittet um einen Termin für eine weitere Besprechung. Seine erste Frage: Wie ich seine Probleme lösen wolle, wenn nicht so wie die renommierte Beratungsgesellschaft. Das Flipchart drängt sich für ein weiteres Bild auf, worin die fünf Bausteine des Unternehmenserfolgs zum Ausdruck kommen. Für Sie fasse ich das Bild hier kurz in Worte:

1. Baustein: Die Potentiale im Unternehmen, d.h. die Fähigkeiten jedes einzelnen Mitarbeiters.
2. Baustein: Die Ausnutzung der Potentiale durch gemeinsam getragene quantitative und qualitative Ziele.
3. Baustein: Der Kundennutzen, der den Potentialen und den Zielen die Orientierung gibt.
4. Baustein: Den Strategischen Engpass erkennen.
5. Baustein: Die Umsetzung durch Zerlegung in machbare Schritte.

Zur Erarbeitung dieser Bausteine dient der „Unternehmens-Erfolg"-Leitfaden von Rudolf Mann, in welchem das Schwergewicht in der vollen Integration der Mitarbeiter bei der Erstellung des Konzepts liegt. Es ist Ihnen wie mir klar, dass bei 60 bis 80 Mitarbeitern nicht alle einbezogen werden können. Vorerst sind Sitzungen mit 8 bis 15 Mitarbeitern möglich. Alle anderen werden laufend informiert, was in der Firma abläuft. Etwas weiter oben haben wir von Vertrauen gesprochen. Das soll natürlich beherzigt werden. Mein Vorschlag, die Besprechungen jeweils am Abend von 16 bis 20 Uhr an einem Ort durchzuführen, wo sich alle wohlfühlen, findet Anklang.

Formulierung des Ziels dieser Besprechungen: Die 100 Schritte von „Unternehmens-Erfolg" von Rudolf Mann durchgehen, wobei die Reihenfolge nicht zwingend ist.

Mein Kunde hat sich alles notiert und dem Verwaltungsrat das neue Konzept unterbreitet. Der Verwaltungsrat hat dieses spontan angenommen. Die einzige Frage nach dem Zeitaufwand kann zur Zufriedenheit aller beantwortet werden. Es sind 20 Sitzungen zu je vier Stunden vorgesehen. Das Tolle an diesem Weg ist, dass bereits nach den ersten Besprechungen ein Prozess gestartet wird. Lassen Sie folgendes einmal auf Sie wirken: Ein Unternehmen ist wie eine grosse Bleikugel. Bisher haben zwei bis drei - vielleicht auch mehr - Kaderleute versucht, die Bleikugel, sprich das Unternehmen, anzustossen. Verstehen Sie, was ich meine? Mein Ziel ist, dass diese Bleikugel bereits nach der ersten Sitzung von mehreren Mitarbeitern angestossen wird. Der Erfolg trifft mit Sicherheit ein, wenn möglichst alle Mitarbeiter mithelfen. Stellen Sie sich vor, was passiert, wenn die Bleikugel einmal rollt ...

Nach kurzer Zeit führe ich also die erste Besprechung mit acht Mitarbeitern durch. Da ein gewisses Misstrauen im Raum hängt, wird zuerst nur locker miteinander gesprochen und philosophiert. Bald zeichnet sich ab, dass da und dort ein Rädelsführer sitzt, der alles zwar gut und recht findet, jedoch nicht ganz sicher ist, ob das Ganze auch im vorgesehenen Stil zu Ende geführt werden kann. Bei der ersten Zusammenkunft ergründen wir die Potentiale der Firma sowie die Schlüsselfaktoren am Markt. Die Stimmung lockert sich relativ schnell, und das Misstrauen wird zusehens abgebaut. Die Mitarbeiter haben schon in der ersten Sitzung gezeigt, was in Ihnen steckt.

Nach der Sitzung tritt mein Klient auf mich zu und fragt, ob es möglich ist, in einem Monat ein Konzept zu erarbeiten, das den Banken präsentiert werden kann. Der Druck der Bank steigt, denn zur Aufrechterhaltung der Kreditlimiten muss ihnen dargelegt werden, dass die Produkte oder Dienstleistungen, der Markt und das Management vorhanden sind. Vor allem sollen die Banken an all das glauben können. Auch hier lautet meine positive Antwort; es ist möglich, Unterlagen zu präsentieren, aus denen ersichtlich ist, welchen Weg die Gesellschaft einschlagen wird.

Mein Ziel bei jeder Sitzung ist, ein in sich geschlossenes Thema zu bewältigen und ein Bild zu zeigen. Der Schluss jeder Sitzung soll für die Mitarbeiter verständlich sein, und sie zum zielorientierten Handeln (sprich Motivation) bewegen. Im Rhythmus von zwei Sitzungen pro Woche wird der „Unternehmens-Erfolg" ergründet und angewendet. Die Ausgangslage wird ermittelt. Die zur Zeit nutzbaren, vorhandenen und ausbaufähigen Potentiale werden den Mitarbeitern bewusst. Mittels strategischer Bilanz wird der heutige und auch der zukünftige Engpass, durch den die Mitarbeiter bei der täglichen Arbeit behindert werden, sichtbar gemacht. Haben Sie das Hauptproblem einer sanierungsbedürftigen Unternehmung erkannt? Ja, den Weg finden, dass durch eine Neuorganisation Misstrauen, Zweifel und Personalwechsel eliminiert werden, damit die Potentiale voll ausgeschöpft werden können. Auch die Mitarbeiter kommen rasch auf das gleiche Resultat.

In weiteren Schritten werden nun ein erstes Leitbild kreiert, die quantitativen Ziele formuliert, die Zielgruppen definiert, die Produktepalette festgelegt und die Preispolitik abgestimmt. Ihnen ist mit Sicherheit bewusst, dass die sofortige Einleitung der Massnahmen wichtig ist. Wie schön ist es doch zu sehen, mit welcher Begeisterung das Beschlossene jeweils umgesetzt wird. Nach Bearbeitung von knapp einem Drittel von „Unternehmens-Erfolg" wird ein Teilkonzept für die Banken erstellt. Die Unterlagen, welche den Banken ausgehändigt werden, wiegen wesentlich weniger als das, was mit den Mitarbeitern geschehen ist.

Die Mitarbeiter haben ein Stück Vertrauen zurückgewonnen. Natürlich nicht grenzenlos, dafür ist der Arbeits- und Führungsstil in den letzten 50 Jahren zu ausgeprägt gewesen. Die Mitarbeiter haben jedoch gespürt, dass hier Möglichkeiten zur Selbstentfaltung bestehen. Selbstentfaltung? Etwas, das jeder Mensch im Privatleben in unzähligen Vereinen ohne Entgelt auslebt, weil er dort als mündiger Mensch behandelt wird. In vielen Firmen können sich die Menschen nicht ausleben, weil sie bevormundet, ja sogar dort eingesetzt werden, wo keine ihrer Stärken liegt. Ich weiss, es ist nicht immer einfach, die Mitarbeiter entsprechend ihren Stärken einzusetzen. Aber wäre das nicht eine der wirklichen Führungsaufgaben? Hat die Firmenführung die Aufgabe, den Mitarbeitern zu sagen, was sie zu tun haben oder ihnen gar dauernd zu helfen? Nein. Man darf und soll unterstützen, wenn dies vom Mitarbeiter gewünscht wird.

Ziel ist es, dass jeder dort arbeitet, wo seine Stärken liegen. Die Selbstorganisation jedes einzelnen Mitarbeiters steht im Vordergrund und soll miteinbezogen werden. Ich behaupte, dass damit das Potential in der Firma verdoppelt oder gar verdreifacht wird. Bedingung bei der Führung: Fehler müssen akzeptiert werden! Die Mitarbeiter müssen ihre Fehler selber korrigieren. Fazit: Mitarbeiter, welche ihre Stärken ausleben können, sind zufrieden, es entsteht automatisch ein Kundennutzen. Die von der Firma erbrachte Leistung soll nicht austauschbar sein, d.h. dem Kunden sollen nicht nur Basiserwartungen erfüllt werden; die Arbeit soll ihn begeistern, ja ihn sogar positiv überraschen. Dieses Potential liegt in jeder Firma bei den Mitarbeitern.

Uebrigens haben wir Komplimente seitens der Banken erhalten. Diese haben die Kreditlimits vorerst aufrechterhalten. Und wir haben uns mit Freude in die nächsten zwei Drittel von „Unternehmens-Erfolg" gestürzt ...

Fredy Moser
Vous êtes-vous déjà posé les questions suivantes :

Comment doubler, voire tripler le potentiel d'une entreprise?
Comment amener ses collaborateurs à mettre en
mouvement „une boule de plomb"?

Supposons que votre entreprise, un établissement commer-
cial classique, travaillant dans une branche fortement
touchée par la récession, doive être restructurée, ces
dernières années ayant enregistré de lourdes pertes. Les
diverses banques avec lesquelles elle travaille remettent en
question le maintien des crédits. Que feriez-vous dans ce
cas? La première solution qui vient à l'esprit est de charger
un conseiller externe d'analyser la situation et de vous
soumettre des propositions.

Dans le cas dont il s'agit, une société de consultants bien
connue est chargée d'élaborer un concept de restructuration. Dans une première phase, il est proposé de procéder
à une analyse de l'entreprise. Points principaux : un bilan aux
valeurs substantielles, un compte de profits et pertes apuré et
un plan de financement. Le responsable à qui la société de
consultants a confié l'exécution du mandat veut également
analyser l'entreprise dans son fonctionnement opératoire par
rapport à une orientation stratégique à définir.

La deuxième phase prévoit d'élaborer, sur la base de ces
analyses, plusieurs variantes pour la restructuration de l'entreprise, variantes qui prendront en compte aussi bien les
intérêts de l'entreprise que ceux des banques. Juger et
apprécier les différentes variantes sera du ressort de la
direction de l'entreprise et du responsable du mandat.

Ensemble ils définiront celle qui devra être appliquée par le management.

Ainsi, vous le voyez, toute la procédure se passe aux niveaux supérieurs, dans le style classique : donner des ordres, attendre qu'ils soient docilement exécutés et contrôler. Résultat: tous les collaborateurs, sans excepter les cadres moyens et supérieurs, sont déstabilisés et peu motivés pour donner le meilleur d'eux-mêmes.

Dans le cas décrit, le client me soumet les documents reçus du responsable du mandat et me demande mon opinion. Une longue conversation fait ressortir deux points principaux : tout d'abord, l'attitude actuelle de la direction est-elle la bonne ? Ce qui était peut-être valable jadis, ne l'est plus forcément aujourd'hui. Le second point, plus important encore, est de faire participer activement les collaborateurs à la vie de l'entreprise et de les responsabiliser. Cela implique toutefois que, tant les collaborateurs que le management soient disposés à endosser des responsabilités et à se faire mutuellement confiance. La confiance réciproque, que nous pratiquons depuis toujours au plan privé, est tout simplement oubliée dans la vie économique. Il n'est pas facile de faire comprendre et appliquer cette notion dans la vie professionnelle. Mais c'est pourtant bien là le premier pas vers la solution des problèmes. Je dessine alors au flip-chart l'image des quatre domaines, telle que vous la trouvez en annexe, soit, en bref :

Esprit - Energie - Cheminement - Matière

J'explique au client que le concept élaboré par le conseiller, qui s'appuie sur le " Cheminement " et la " Matière ", ne combat que les symptômes. Auprès des banques, ce procédé pourrait, à court terme, être couronné de succès, peut-être aussi du fait que le conseiller jouit d'une grande notoriété. Mais, à plus ou moins long terme, cette restructu-

DOMAINES
INSTRUMENTS

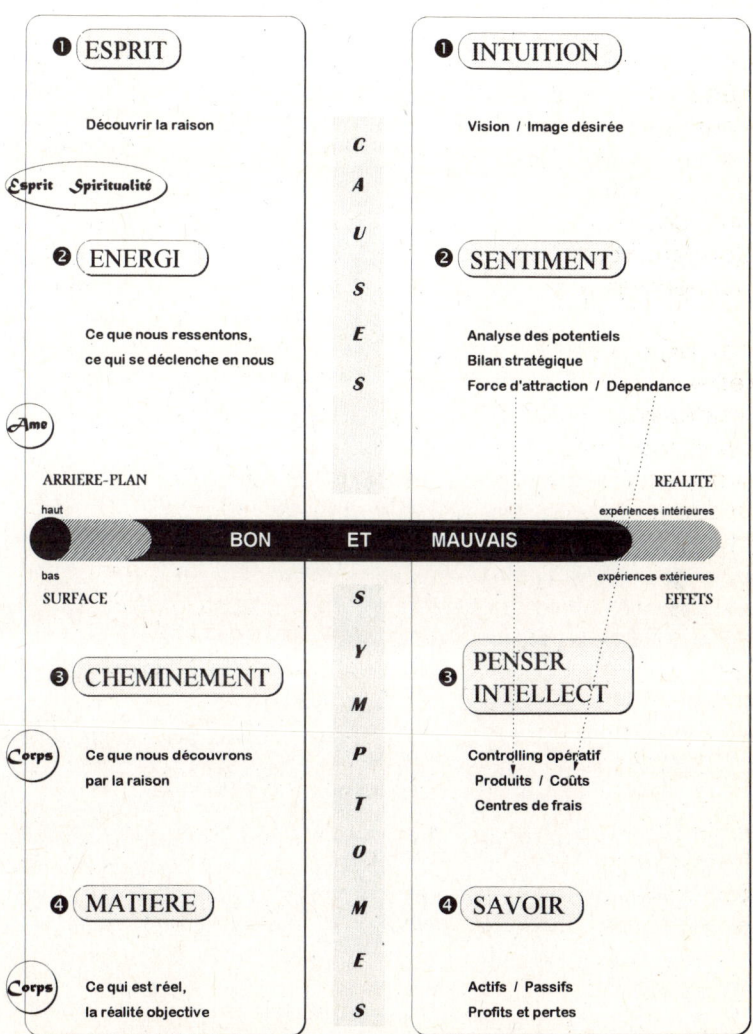

❶ ESPRIT

Découvrir la raison

Esprit Spiritualité

❷ ENERGI

Ce que nous ressentons,
ce qui se déclenche en nous

Ame

ARRIERE-PLAN

haut

❸ CHEMINEMENT

Corps Ce que nous découvrons
par la raison

❹ MATIERE

Corps Ce qui est réel,
la réalité objective

❶ INTUITION

Vision / Image désirée

❷ SENTIMENT

Analyse des potentiels
Bilan stratégique
Force d'attraction / Dépendance

REALITE

expériences intérieures

BON ET MAUVAIS

bas

SURFACE

expériences extérieures

EFFETS

❸ PENSER INTELLECT

Controlling opératif
Produits / Coûts
Centres de frais

❹ SAVOIR

Actifs / Passifs
Profits et pertes

C A U S E S

S Y M P T O M E S

Darstellung nach Rudolf Mann - "Die Neue Führung"

Extrait de "Die neue Führung" (Le nouveau management) du Dr Rudolf Mann (p. 27) ration est vouée à l'échec, le facteur le plus important - les collaborateurs - n'ayant pas été pris en considération. Le client réagit avec une certaine irritation lorsque je lui déclare qu'avec le procédé classique d'assainissement qui lui est proposé, il se retrouvera à brève échéance, c'est-à-dire dans trois à sept ans, au maximum, dans la même situation. Je lui explique que seuls ses collaborateurs possèdent le potentiel, les forces, le savoir et les capacités d'esprit nécessaires pour mettre en mouvement ce qui doit l'être. Pour que les capacités puissent se développer librement, il est indispensable d'éliminer les obstacles tout en laissant chacun prendre ses responsabilités. Il est important de savoir que des êtres réfléchis et conscients de leur valeur, soit donnent volontairement le meilleur d'eux-mêmes, soit ne donnent rien.

J'ai bien entendu donné à mon client le temps de la réflexion. Le lendemain déjà, il téléphone pour me fixer rendez-vous. Sa première question lors de cette entrevue est pour me demander comment je pense résoudre ses problèmes, si je ne le fais pas de la manière préconisée par la société de consultants. J'ai à nouveau recours au flip-chart pour une nouvelle image : les cinq pierres de construction de la stratégie du succès de l'entreprise, que je peux décrire ainsi :

- les potentiels dans l'entreprise, c'est-à-dire les capacités individuelles de chaque collaborateur;
- la mise à profit des potentiels de chacun pour atteindre des buts qualitatifs et quantitatifs définis d'un commun accord;
- l'intérêt des clients qui définit l'orientation des potentiels et des buts;
- la définition des causes du rétrécissement stratégique;
- la mise en pratique par le fractionnement en étapes, en "pas" réalisables.

Pour la " mise en place " de ces pierres de construction, j'ai recours au guide du Rudolf Mann (lequel n'existe malheureusement qu'en langue allemande), qui met l'accent sur la participation active des collaborateurs à l'élaboration du concept. Vous comprendrez aisément que 60 à 80 collaborateurs ne peuvent pas tous être réunis; au départ, les séances comprennent 8 à 15 collaborateurs. Tous les autres sont tenus au courant au fur et à mesure de ce qui se passe. Plus haut, nous avons parlé de confiance, et ceci doit être pris à coeur. Ma proposition de tenir les séances le soir, entre 16 et 20 heures, à un endroit en-dehors de l'entreprise, où tous se sentiront à l'aise, est approuvée.

Le but de ces réunions : Franchir les 100 pas du " Succès de l'entreprise " du Rudolf Mann, l'ordre dans lequel ils se suivent n'étant toutefois pas contraignant. Mon client, intéressé, accepte ce nouveau concept et le soumet à son conseil d'administration, qui l'approuve spontanément. La question de l'investissement du temps que cela nécessite est résolue à la satisfaction de tous; 20 séances, de quatre heures chacune, sont prévues. Un des points forts de cette nouvelle conception est que, dès après les premières discussions, un processus peut être démarré. Représentez-vous une entreprise comme une grosse boule de plomb. Deux ou trois cadres, peut-être plus, ont cherché à la faire bouger, mais sans succès. Comprenez-vous ce que je veux dire ? Mon but est de motiver suffisamment de collaborateurs pour la "pousser". L'union fait la force, ce vieux dicton garde toute sa valeur, et si tous ou presque, s'attellent à la tâche, le succès est assuré. Représentez-vous ce qui se passe quand la boule de plomb commence à rouler ...

La première séance, à laquelle participent huit collaborateurs, a très vite lieu. Un certain climat de méfiance régnant au début, nous commençons par parler de sujets divers, de philosopher, sans entrer dans le vif du sujet. Bientôt, cependant, certains s'enhardissent et font connaître leur opinion : " Tout cela est bel et bon, mais ce chemin nous permettra-t-il vraiment d'arriver au but visé ? " Lors de cette première rencontre, nous recherchons et approfondissons les potentiels de l'entreprise et les facteurs-clefs du marché. L'ambiance se détend relativement rapidement et la méfiance commence à faire place à une certaine confiance. Dès cette première séance, les collaborateurs ont laissé voir ce qu'ils pensaient.

A la fin de celle-ci, mon client me demande s'il serait possible, dans un délai d'un mois, d'élaborer un concept qui puisse être présenté aux banques. Celles-ci le mettent de plus en plus sous pression, et pour que les limites de crédit puissent être maintenues, il faut leur démontrer que les produits, les services, le marché existent, et que le management est à la hauteur de sa tâche. A cette question aussi, je donne une réponse positive; il me sera possible de présenter une documentation montrant et justifiant le chemin choisi par l'entreprise.

Mon but, pour chaque séance, est de traiter à fond un thème donné et d'en donner une image. La conclusion de chaque séance doit être compréhensible pour chacun des collaborateurs et le motiver à oeuvrer pour atteindre le but défini.

Au rythme de deux séances par semaine, le " Succès de l'entreprise " est approfondi et appliqué. La situation initiale est définie. Les collaborateurs sont rendus conscients des potentiels existants et de ceux qui doivent être développés. Par l'établissement d'un bilan stratégique, il leur est démontré et expliqué le rétrécissement stratégique actuel, et aussi futur, qui entrave les collaborateurs dans l'accomplissement de leur travail quotidien. Comprenez-vous le problème majeur d'une entreprise nécessitant un assainissement ? Oui, c'est cela : trouver un chemin qui, par une nouvelle organisation, élimine la méfiance, les doutes et les nombreux départs parmi le personnel, permettant ainsi d'utiliser à fond tous les potentiels, de canaliser toutes les forces de l'entreprise vers le but à atteindre. Les collaborateurs, eux aussi, ont rapidement compris et sont arrivés aux mêmes conclusions.

Au cours des étapes suivantes est créée une première image de ce que nous voulons atteindre, les buts quantitatifs sont formulés, les groupes ciblés définis, la palette des produits est choisie et la politique de prix mise au point. Vous êtes certainement conscient qu'il est important de mettre rapidement en application les mesures préconisées. C'est ce qui est fait, et il est réjouissant de constater l'enthousiasme avec lequel il est passé à la réalisation des décisions prises.

Après avoir traité à peine un tiers du " Succès de l'entreprise " du Dr Mann, un concept partiel est mis au point pour les banques. La documentation remise à ces dernières ne peut toutefois pas faire ressortir complètement ce qui s'est passé avec les collaborateurs. Ceux-ci ont repris confiance. Pas encore totalement bien sûr, les méthodes de travail et le style de direction, qui n'ont guère évolué au cours des 50 dernières années, étant encore trop présents à l'esprit. Néanmoins, les collaborateurs ont compris que la possibilité leur était maintenant donnée de s'épanouir. S'épanouir ? Dans notre vie privée, nous connaissons bien cela, nous donnons sans compter là où nous sommes considérés comme des êtres humains à part entière. Dans leur vie professionnelle par contre, combien ne peuvent s'épanouir car ils sont quasiment mis sous tutelle, employés dans des secteurs où le travail ne leur convient pas et ne permet pas aux forces qui sont en eux de se déployer. J'en suis conscient, il n'est pas toujours facile de " placer " les collaborateurs selon leurs forces. Mais, cela ne devrait-il pas être une des tâches premières du management ? " The right man to the right place ". La direction de l'entreprise a-t-elle le devoir de dire aux collaborateurs ce qu'ils doivent faire, ou même de toujours les aider ? Non. Le but idéal est que chacun travaille là où les forces qu'il a en lui peuvent se donner libre cours. L'auto-organisation de chacun est un facteur de premier plan qui ne doit pas être négligé. Je suis persuadé que le potentiel d'une entreprise peut ainsi être doublé, voire triplé. Condition primordiale toutefois: le management doit accepter que des erreurs soient commises ! Les collaborateurs doivent corriger eux-mêmes leurs erreurs. Conclusion : les collaborateurs à qui est donnée la possibilité d'utiliser leurs forces sont satisfaits et, conséquence logique, le client en bénéficie. Les prestations de l'entreprise ne doivent pas être interchangeables, c'est-à-dire qu'il ne faut pas donner au client uniquement la prestation de base qu'il attend, et qu'une autre maison pourrait également lui donner, mais le travail fourni doit le surprendre positivement, voire l'enthousiasmer. Ce potentiel existe à l'état latent dans les collaborateurs de chaque entreprise, mais il faut déclencher le processus !

Au demeurant, les banques nous ont complimenté et, signe tangible de leur satisfaction, elles ont accordé une première prolongation des crédits. Et nous avons attaqué avec un enthousiasme renforcé par ce premier succès les deux autres tiers du "Succès de l'entreprise "...

Ins Französische übertragen von Jacqueline Moser

Holger Münter
Angst im Unternehmen

„Ihr Kleingläubigen,
warum seid ihr so furchtsam?"
Matthäus 8

Vorbemerkung

Viele Menschen werden von Ängsten beherrscht. Wenn ich meine Ängste kenne und annehme, habe ich die Möglichkeit, mit ihnen umzugehen. Jedoch viele Menschen werden von Ängsten beherrscht und wissen es gar nicht. Sie verbringen eine Menge Zeit damit, unbewußte Angst durchzustehen. In Unternehmen ist nach meiner Ansicht Angst der Kostenfaktor Nr. 1. Diese Überzeugung teilten 87% der Befragten in einer Analyse der FH Köln. Angst findet sich in allen Bereichen und auf allen Ebenen eines Unternehmens. Vordergründig taucht Angst vor autoritären Vorgesetzten, Angst vor Mobbing, Angst vor Arbeitsplatzverlust, Angst vor Neuerungen und Innovationen immer wieder auf. Auch Leitende haben Angst, so das Forsa Institut in einer aktuellen Untersuchung. Nur 5% der Führungskräfte schätzen ihre Stelle als sicher ein. Gefürchtet werden u.a.: schwache Konjunktur, Jobverlust, Fehlentscheidungen der Betriebsleitung. Was also ist zu tun? Wie können wir diese emotional eher negative Komponente im Unternehmen abbauen, eliminieren oder gar nutzen?

1. Indikatoren für Berufsängste

Wenn Sie mit Menschen in Unternehmen sprechen, hören Sie häufig:
- Ich mache alles ganz gründlich. (Perfektionismus)
- Ich arbeite härter und länger als andere, oft sitze ich nach Feierabend noch Stunden im Büro.
- Ich habe das Gefühl, man will mich loswerden.

- Ich habe Todesangst, daß andere merken können, wie es in mir aussieht.
- Ich kann keine Reden und Vorträge halten.

Gerade im Beruf werden wir täglich, sehr direkt und zeitlich kaum begrenzt mit der Wirklichkeit konfrontiert. Ängste im Unternehmen beeinträchtigen nicht nur Arbeitsablauforganisation und Betriebsklima, sondern wirken auch ein auf Bezahlung, Freiheitsspielräume und persönliche Beziehungen. Natürlich gibt es auch handfeste realistische Berufsängste. In einigen Firmen wird Angst bewußt genutzt, um Mitarbeiter an die Kandare zu nehmen und das Äußerste aus Ihnen herauszuholen. Für autoritäre Charaktere bietet der „*Abenteuerspielplatz Unternehmen*" (Rudolf Mann) genügend Chefpositionen. Und obwohl seit Jahrzehnten in den Führungsseminaren der demokratische und kooperative Führungsstil favorisiert wird, gibt es jede Menge an autoritären, verkrusteten Strukturen in Unternehmen.

Daneben wirken auch die irrationalen Ängste im Berufsleben. Im Sheraton in München traf ich einen Manager, der 14 Stockwerke zu Fuß ging; er litt unter Klaustrophobie. In den Rhetorik-Seminaren werden vor der unbestechlichen Kamera viele verborgene Ängste sichtbar. So sagte ein Abteilungsleiter zu mir in einem Training: „Ich muß gleich neben der Tür sitzen." Eine junge Unternehmerin verriet: „Vor einer Konferenz gehe ich zigmal ins Badezimmer." Und ein Prokurist gestand: „Ich trinke soviel Cognac, bis ich in einer heiteren und gelösten Stimmung bin, sonst würde ich kein Meeting überleben."

Schließlich gibt es auch noch die Ängste, die durch die Arbeit direkt ausgelöst werden: Angst vor Fehlern und Kritik, Angst vor Entscheidungen etc. Solche Ängste können soviel Streß erzeugen, daß Leute tatsächlich Fehler machen, unwichtige Dinge für wichtig halten und wichtige Dinge nicht beachten. Viele büßen ihre Kreativität ein, drücken sich vor bestimmten Aufgaben, wollen nicht vor anderen frei sprechen oder flüchten in Krankheiten.

2. Fallbeispiele für Angst im Unternehmen

- Ulli S. wurde sehr jung Abteilungsleiter. Nach außen wirkte er gepflegt und eloquent. Ehrgeizig, wie er war, litten nicht nur seine Mitarbeiter, sondern auch seine Familie unter seinem Perfektionismus. Er selbst betäubte sich mit geringen Mengen Alkohol und sehr viel Nikotin. Als die Fassade, die er aufgebaut hatte, krachte, wurde er geschieden. In der Firma wurde er hochgelobt. Bezahlt hat er dies mit zwei Bypassoperationen am Herzen. Irgendwann hat er sich auf Firmenkosten bereichert und wurde entlassen. Wie wäre seine Karriere verlaufen, wenn er sich seinen Versagensängsten gestellt und diese bearbeitet hätte?
- Frau B. hatte panische Angst vor allem, was mit Zahlen zu tun hatte. Ihr Ehemann kaschierte ihre Schwächen in diesem Bereich in familiärer Heimarbeit. Die Angst der Frau B. vor Zahlen wurde also erweitert durch die Angst vor Entdeckung ihrer Schwäche und vor der Entdeckung der Schwarzarbeit ihres Mannes.
- Horst G. hatte anfangs vor Sitzungen immer ein Gläschen getrunken. Er hatte Redeangst. Es entstand eine typische Alkoholkarriere mit Leugnen, unappetitlichen Szenen und sozialem Abstieg.

In allen drei Fällen lagen Ängste vor, die zum Teil bewußt, größtenteils aber unbewußt ausgelebt wurden. Angst war jedes Mal Treiber für die negative Entwicklung. Gegen die Ängste wehren wir uns in der Regel durch solche Antreiber, wie sie aus der Transaktionsanalyse bekannt sind:

★ sei perfekt
★ streng dich an
★ sei stark
★ beeil dich
★ mach's mir recht

Das Dilemma dieser an sich nützlichen Antreiber liegt in der implizierten Einengungsschraube. Ich will plötzlich immer und überall perfekt sein, es anderen rechtmachen, stark sein, oder ich strenge mich auch im Urlaub an und beeile mich, zum nächsten Abenteuer zu gelangen. Was wäre, wenn wir lernten mit unseren inneren Antreibern angemessen und kompetent umzugehen?

3. Versagensängste

In den unterschiedlichen Karrieren im Unternehmen nehmen die sogenannten Versagensängste einen besonderen Raum ein. Sie beginnen schon bei der Bewerbung, setzen sich während der Einarbeitungszeit fort und finden sich in allen Hierarchieebenen der Unternehmen in vielerlei Ausprägungen. Wir kennen z.B.:

- Angst vor neuen Herausforderungen bei der Übernahme einer Führungsposition. Im einzelnen können dies Sach- und Personalprobleme, wenig Unterstützung durch Vorgesetzte, Erfolgsdruck oder tatsächlich schwierige Probleme am Markt sein.
- In fast allen Aufgabenbereichen nehmen die „Sachzwänge" zu. Mit immer weniger Personal müssen „just in time" komplexe Probleme gemeistert werden.
- In vielen Unternehmen fehlt ein angstfreies vertrauensvolles Klima. Man gewöhnt sich an, die Probleme allein zu lösen und Schwächen nicht nach außen zu zeigen. Führungskräfte haben a priori keine Angst, sie befürchten, daß Offenheit und Vertrauen sich zu ihrem Nachteil auswirken. Eine solche Fassade aufrecht zu erhalten, sich von seinen Gefühlen nicht beirren zu lassen, also den Schein wahren, ruft stets neue Ängste auf den Plan.

4. Angst als psychologisches Phänomen

Angst gehört zu unserem Leben wie Hunger und Durst. Jedoch im Gegensatz zu instinktiven Grundlagen von

Hunger und Durst zählt Angst zu den gelernten Gefühlen. Angst wird in der Kindheit durch Einschärfungen und Verbote, durch traumatische Situationen regelrecht erlernt. Angst begleitet uns in immer neuen Abwandlungen ein Leben lang. In der Geschichte der Menschheit gibt es immer neue Versuche, Angst zu bewältigen, zu vermindern oder zu binden. Am schlimmsten sind die Menschen dran, bei denen sich die Angst zur Phobie, d. h. zur irrationalen Angst, übersteigert hat. So ist mir der Chef einer großen Behörde bekannt, der aus Angst, sich zu infizieren, niemandem seiner Mitarbeiter oder Besucher die Hand gibt und darüber hinaus einen Waschzwang entwickelt hat. Dieser Mann wäscht sich am Tag 30- bis 40mal die Hände.

Magie, Religion und Wissenschaft haben sich darum bemüht, Abhilfe zu schaffen. Glaube, Hoffnung, Liebe auf der einen Seite, Erforschung der Naturgesetze, der Psyche sowie weltentsagende Askese und der Aberglaube gehören in dieses Bemühen. Auch Amulette und Talismane stützen abergläubisches, magisches Denken. Dabei ist es sicher eine Illusion zu glauben, daß es ein Leben ohne Angst geben könnte. Angst ist ein Grundbestandteil unserer Existenz, und in ihr spiegeln sich unsere Abhängigkeiten von Personen oder Dingen und unser Wissen um unsere Vergänglichkeit.

Es gilt also, der Angst zu widerstehen, die uns lähmt und handlungsunfähig macht. Dies gilt insbesondere für viele Tätigkeiten in der herausgehobenen Chefposition. Es bleibt uns nur, Gegenkräfte zu entwickeln: Mut, Vertrauen, Hoffnung, Macht, Demut, Glaube und vor allem Liebe. Allen Methoden, die uns völlig angstfrei machen wollen, sollten wir mißtrauen. Es ist wie so oft im Leben: die Dosis bestimmt den Unterschied zwischen Gift und Medizin. Wenn wir Angst haben, neigen viele von uns zu Vermeidungsverhalten oder zu Verdrängungen. Aber so wie der Tod nicht aufhört zu existieren, wenn wir nicht an ihn denken, so bleibt auch die Angst ein ständiger Begleiter in unserem Leben.

"Wenn wir Angst einmal ohne Angst betrachten, bekommen wir den Eindruck, daß sie einen Doppelaspekt hat: einerseits kann sie aktiv machen, andererseits kann sie uns lähmen", sagt Fritz Riemann in seinem bekannten Werk "Grundformen der Angst".

Wenn jemand etwas Neues tut, z.B. auf dem Chefsessel Platz nimmt, dann kann seine Angst ein Warnsignal für vorsichtiges Umgehen mit der Situation sein. Dieses Signal enthält gleichzeitig den Impuls, die Angst zu überwinden. Viele Rhetorik-Schüler haben in Trainings erlebt, daß die **Vorstellung** eines "Versagens" schlimmer war als die Realität. Das Annehmen und Meistern der Angst bedeutet dann einen Entwicklungsschritt in Richtung Reife.

Denken wir an die Ängste vor Krankheit, vor Unfall, vor Rezession oder Arbeitslosigkeit. Angst beeinflußt unser Leben. Das tiefere Problem liegt darin, daß ängstliche Gedanken uns unsicher machen. Ein Mittel, die Angst zu verdrängen, sind Versicherungen. An der Angst der Menschen werden Milliarden verdient. Aber Angst kann auch zum Kampf, zur Aggression führen. Angst wird bewirkt durch den negativen Einfluß von Gedanken, die Unsicherheit, mangelndes Vertrauen sich selbst und anderen gegenüber widerspiegeln. Viele leben nach dem Motto "Vertrauen in Gott ist gut, aber eine Versicherung ist besser."

5. Besiege die Angst, sonst besiegt sie Dich!

Als ich 50 Jahr alt wurde, geriet ich in eine innerliche persönliche Krise: Angst vor dem Alter, vor dem Tod? Wie sieht meine Lebensbilanz aus? Was will und was kann ich noch tun? Als Trainer, der anderen Menschen schon in vielen Situationen geholfen hat, verordnete ich mir eine schwierige Selbsttherapie: ich machte mit bei einer Besteigung des Kilimanjaros. Aus der Trainerausbildung waren mir viele Möglichkeiten des Krisenmanagements bekannt, zum Beispiel das

Thema Grenzerfahrungen, das zur Zeit als Outdoortraining viele Führungskräfte anzieht. Hier war ich durchs Feuer gelaufen. Motto der Veranstaltung: Wer hier seine Angst besiegt und mit bloßen Füßen durchs Feuer läuft, hat vor nichts und vor niemandem mehr Furcht. Am Killimanjaro lernte ich sozusagen im Selbstversuch, Angstattacken auszuhalten und kompetent zu handhaben. Mir wurde klar: der Weg ist das Ziel. Ängste gehören zu diesem Weg. Schon Freud sagte, im Neuland vermuten wir vor allem Schmerz. Doch wir lernen nur Neues, wenn wir Neuland betreten. Ein Mittel der Wahl in der Auseinandersetzung mit der Angst kann sein, das angestrebte Ziel mit Freude anzureichern. Es muß in jedem Fall mehr Anziehungskraft besitzen als der vermutete Schmerz.

In der Meditation auf dem sehr langen Weg und der notwendigen Verlangsamung erlebte ich zwei panikartige Angstattacken. Aus der Bewältigung dieser Ängste gewann ich neue Stärke. Wichtiger jedoch als der Erfolg, das Erreichen des Zieles, war die Einsicht, daß es nichts gibt, was ein für alle Mal erledigt ist. Meine Angst wird mich bis zum Tod begleiten. Insofern kann es kein Thema sein, sich angstfrei zu machen. Es kommt vielmehr darauf an, mit unseren unterschiedlichen Ängsten kompetent umzugehen. Dabei kann es sehr nützlich sein zu erfahren, auf welcher Grundangst meine Ängste basieren. Fritz Perls, der große alte Mann der Gestalttherapie, benennt vier grundlegende Gefühle für unsere Befindlichkeit: Angst, Trauer, Wut und Freude. Die Art und Weise, wie diese Grundgefühle unser Leben und unser Verhalten bestimmen, ist erlernt. Insofern macht es auch Sinn, sich an traumatische Kindheitssituationen zu erinnern, die z.B. in Grenzerfahrungstrainings wieder belebt werden können. Besonders Trainings auf NLP-Basis bilden heute ein umfangreiches Instrumentarium, um frühe Entschlüsse des Kindes zu ändern und traumatische Erlebnisse positiv zu bearbeiten und abzuschließen. Letztlich bleibt der Umgang mit Ängsten ein lebenslanger Prozeß. Wir lernen unsere Lektionen auf diesem Lebensweg. Im zweiten dieser Betrachtung will ich deshalb ein paar Hinweise für den angemessenen Umgang mit Angst im Unternehmen geben.

6. Eigenmotivation, Vertrauen in eigene Stärke

Wir können lernen, daß wir, sobald der erste Schritt getan ist, viele aufregend schöne Dinge erleben können. Diese Erfahrung haben wir alle schon gemacht. Besinnen wir uns auf unsere innere Stärke, dann können wir das Unmögliche möglich machen. *„Die Hauptsache im Leben ist, keine Angst vor der eigenen Menschlichkeit zu haben"* (Pablo Casals). Wir sind überall von Zwängen umgeben. „Wir sollen, wir sollten, wir müssen usw." sind unsere begleitenden Botschaften. Diese Zwänge dienen normalerweise als Richtlinien und haben damit einen Sinn. Sie können aber auch zur Plage werden, und wenn wir das zulassen, schränken sie uns ein und sind in keiner Weise mehr hilfreich. Manchmal sind wir sogar dankbar für sogenannte Sachzwänge. Doch wenn wir Chef sind, wird Mut von uns verlangt, die Aufrichtigkeit in unserem Innern auch zu loben und sie nicht aus Angst zu unterdrücken. Wir brauchen Mut, um die Ängste zu entmachten; und dieser Mut macht uns schließlich zu diesem einmaligen, zu diesem unverwechselbaren Menschen, der es mag, menschlich und liebevoll mit sich und anderen umzugehen.

Da die Angst ein gelerntes Gefühl ist. haben wir auch jederzeit die Chance, sie wieder zu verlernen. Lao-tse sagt:

"Es gibt drei Wege, richtig zu handeln:
Durch Nachahmen - das ist der leichteste,
durch Nachdenken - das ist der schwierigste,
und durch Erfahrung - das ist der bitterste!" -

7. Angstabbau im Unternehmen

Konzentrieren Sie sich auf Ihre Ziele. Erledigen Sie Ihre Aufgaben ruhig und unverkrampft. Machen Sie keine negativen Selbstprogrammierungen. Wer kennt nicht solche wohlgemeinten Rat-„Schläge"... Und trotzdem: Da kommt die wichtige Konferenz, der Tag X auf uns zu und alles scheint unüberwindlich, wir kommen uns klein und eingeschüchtert vor.

Was tun?
Wer mit einer verkrampften Einstellung in solche Situationen hineingeht, kann nur versagen. Der richtige Weg liegt in einer positiven Selbststimulation, Vertrauen in die folgenden ziehe ich öfter Beispiele aus dem Verkauf heran. Sind Sie ein guter Verkäufer? Wie verkaufen Sie sich selbst? Die Schlüsselfrage lautet: Lieben Sie Ihren Beruf, Ihr Produkt oder Ihre Dienstleistung und Ihre Kunden? Wer sich auf eigenen Fähigkeiten und im Tun, im Handeln. Ein bekannter amerikanischer Trainer, Bob Goulding, läutete immer seine Try-bell, wenn jemand sagte: „Ich habe es versucht" und kommentierte sein Läuten: *„Du sollst es nicht versuchen, Du sollst es tun."* Weck also den Tiger in Dir: „You can get it, if you really want."

Möglichkeit 1: In der Ruhe liegt die Kraft.
Besinnung, Meditation, Gebet. Vertrauen auf die eigenen Ressourcen, Vertrauen in Gott, sich führen lassen.

Möglichkeit 2: Für viele ist ein „jetzt erst recht" auch ein innerer Antrieb. Eine solche Einstellung weckt tiefliegende Reserven, und wir kommen bis an unseres inneres Limit heran.

Möglichkeit 3: Der Werbespruch von Toyota: *„Nichts ist unmöglich."* Begreifen wir, daß wir schöpferisch tätig sind und somit auch unseren Alltag schaffen. Wir entscheiden schon in unserem Denken, ob wir den Weg der Freude oder des Leidens gehen wollen. Der Wille, unser Wille ist es, der Berge versetzt. Hierbei ist es natürlich nicht mit bloßem Einreden getan.

Wichtig scheint die Überlegung, welche Wege erfolgver-
sprechend sind. Eine klare Zielstrategie, Ausdauer und
Beharrlichkeit auf dem Weg sind genauso wichtig wie
Flexibilität. Denken Sie in Lösungen und in Alternativen. Wer
Feuer im Herzen trägt, kann alle Widerstände meistern. Wie
gesagt: „Nichts ist unmöglich."

8. Konkrete Schritte im Training der Unternehmen

Wenn wir unsere Angst nicht mehr verstecken, wird deutlich,
daß alle Menschen Angst haben. Gerade in wirtschaftlich
schwierigen Zeiten heißt es also, die Angst annehmen, ja, sie
sogar zu begrüßen. Wenn wir uns unsere Angst bewußt
machen, besiegen wir sie.

Machen Sie sich z.B. klar, ob Sie
* sich an alte Ängste erinnern,
* sich von Ängsten leiten lassen,
* sich auf neue Situationen vorbereiten,
* Versagensängste bei sich kennen,
* über Ängste und Gefühle reden können und
* Gefühle als Grundlage und Gradmesser jeder Beziehung
  begreifen.

Im den Weg macht, seine Persönlichkeit positiv zu verändern, wird sich fragen lassen müssen, ob er bereit und entschlossen genug ist, um Verantwortung zu übernehmen und
Konsequenzen zu tragen. Wie bei jedem anderen Lern-
prozeß ist es wichtig, sich zu fragen: Wo stehe ich? Was sind
meine Ziele, und was muß ich bei mir ändern, damit ich den
richtigen Weg finde? Selbstgespräche machen klar, ob ich
eine positive oder eine negative Einstellung zu dem habe,
was ich tue. Wer darauf achtet, wird bemerken, daß der innere
Dialog häufig destruktiv ist. Oft wechseln sich Selbstvorwürfe,
Entschuldigungen und Selbstrechtfertigungen mit Anklagen,
Schuldzuweisungen, Selbstmitleid und Fragen wie diesen ab:

Warum muß das immer mir passieren? Wie konnte ich nur ...?
Bin ich nicht ein grenzenloser Versager, usw.?

Wenn Sie in sich hineinlauschen, nehmen Sie einfach wahr,
was ist. Tun Sie so, als wären Sie jemand anderes, der Sie von
außen beobachtet. Notieren Sie Ihre Wahrnehmungen ohne
Scheu. Jedes Gefühl, auch das negative, hat ein Recht, da
zu sein.

➔ Wenn Sie in sich hineinlauschen. Welcher innere Dialog
entwickelt sich?

Finden Sie die Ursachen von Ängsten auch bei sich selbst.
Es ist nützlich, nach den Ursachen solcher Versagensängste
zu suchen. Vielleicht stammen sie noch aus der Kindheit und
sind für den nun Erwachsenen eigentlich nicht mehr relevant.

Es ist wichtig für uns, daß wir lernen, uns selbst zu verstehen.
Dazu gehört auch, die Dinge nicht zu verleugnen, sondern
sie anzunehmen - als einen Teil von mir selbst. Erst wenn ich
mich nicht mehr selbst belüge, kann ich mir klarmachen, daß
Versagensängste und Minderwertigkeitsgefühle nicht mehr
meiner jetzigen Erfahrung und heutigen Reife entsprechen.
Wichtig ist, daß ich mir selbst dieses klar und bestimmt sage:
Ich bin der einzige, der mich ärgern kann, und ich bin auch
der Einzige, der mir Freude bereiten kann.

➔ Welche Ursachen für Ihre Versagensängste können Sie
feststellen?

Wir können uns jederzeit neu einordnen und bewerten.
Wenn ich mir klarmache, wie wichtig meine Arbeit oder mein
Leben ist, kann ich alle Ereignisse, die mich früher geängstigt

oder verletzt haben, mit anderen Augen sehen. Ich brauche mich mit dieser neuen Perspektive nicht mehr von alten negativen Mustern leiten zu lassen.

→ **Fragen Sie sich: Wofür bin ich als Mensch wichtig?**

Jederzeit kann ich mir neue Ziele und Teilziele setzen.
Gefühle und Einstellungen, die eingefahren sind, besitzen eine große Zähigkeit und kehren gerne wieder. Deshalb muß ich mir Ziele setzen, die positiv formuliert, überprüfbar und meßbar sind. Es ist notwendig, daß sie einerseits nicht zu hoch gesteckt sind, andererseits aber doch einen gewissen Herausforderungscharakter haben.

→ **Meine Ziele für die nächste Zukunft:**

Es ist wichtig, auch kleine Erfolge wahrzunehmen und zu buchen.
Das Erreichen meiner Ziele ist eine Hilfe und Stütze gegen Rückfälle. Wenn ich erlebe, daß etwas klappt, warum sollte das nächste schiefgehen? Unterstützen Sie Ihre ersten Erfolge durch Arbeit an Ihrem Charakter und an Ihrer Persönlichkeit. Zum Aufbau einer neuen Grundstimmung gehört das bewußte Sammeln positiver Erfahrungen. Grundlegend gilt, daß negative Erlebnisse kein festgelegtes Schicksal sind, und daß wir aus Fehlern lernen dürfen.

→ **Meine größten Erfolge:**

Neue Gefühle einüben und pflegen sind der Humus zukünftiger Erfolge.

Wo Altes verschwindet, entsteht Platz für Neues. Aus Angst wird Liebe, aus Versagen Erfolg. Fragen Sie sich deutlich, welche Gefühle Sie mehr und öfter wollen. Welches Gefühl bestimmt Ihre neue Einstellung und Haltung? Vertrauen Sie sich, und nehmen Sie auch Hilfe von Freunden in Anspruch. Sie wissen, daß Angst durch Liebe besiegt wird, und es heißt: Liebe Deinen Nächsten wie Dich selbst. Lieben Sie sich selbst, und gehen Sie lieb mit sich um. Liebe beginnt dort, wo ich mich intensiv für das, was mir Angst macht, interessiere, darauf zugehe, es begreife und nicht mehr weglaufe.

→ Welche Gefühle können mir helfen, meine Versagensängste zu überwinden?

Geben Sie sich und Ihrem Tun Würde.

Unser Gefühlsleben hängt davon ab, wie wir mit uns selbst umgehen. Wenn ich in mir Chaos, Stimmungen, Versagen und Launen dulde, darf ich mich nicht wundern, wenn dies über meine Ausstrahlung nach außen dringt. Die meisten Menschen leben unter ihrem Niveau. Sie selbst entscheiden, ob Sie den Weg des Versagens und Leidens oder den der Freude und des Glücks gehen werden. Sie entscheiden, wie Sie sich zukünftig in verschiedenen Situationen verhalten wollen, was Sie verändern oder ablegen wollen, was von nun an nicht mehr zu Ihrer neuen Einstellung gehört.

→ Wovon ist meine Würde als Mensch abhängig?

9. Erfolgreiche Strategien auf dem Weg zu neuen Menschen und Verhalten im Unternehmen am Beispiel des Verkäufers

a) Lebensweisheiten

Sich durchsetzen zu können, sollten Sie nicht mit Verbissenheit lernen. Betrachten Sie es als fairen Sport. Nur wer auch mit Anstand verlieren kann, wird sich auf Dauer durchsetzen. Manchmal sind die Umwege die kürzeren, und oft führt der Weg bergan einen Schritt zurück. Es ist kein Drama zu verlieren, es gibt immer eine zweite Chance. Hüten Sie sich deshalb vor allem vor belastender Selbstkritik. Sollten Sie einen Fehler machen, so trachten Sie danach, den Schaden zu begrenzen, und versuchen Sie es nochmals. Denken Sie langfristig, und machen Sie sich klar, daß die Verlierer von heute die Sieger von morgen sein können.

Nehmen Sie Ihre Kunden und alle anderen Menschen ernst. Lernen Sie zuzuhören, und versetzen Sie sich in ihre Lage. Verzichten Sie auf leichtfertige und unnötige Herabsetzungen und Verletzungen, vielmehr sollten Sie alles loben, was auch lobenswert ist.

b) Gründliche Vorbereitung ist der halbe Erfolg

Je besser Sie sich auf eine Verhandlung vorbereiten, desto größer sind die Erfolgschancen. Informationen über Ihren Kunden sind das Fundament einer gründlichen Vorbereitung. Verläßliche Informationen geben Ihrem Denken, Ihren Gefühlen - neben klaren Zielen - eine gesunde Basis für erfolgreiches Handeln.

c) Klima und Stimmungen

Haben Sie schon einmal aus einer Laune heraus gekauft? Machen Sie sich klar, daß die Sache oder der Inhalt des Verkaufs ganz wesentlich von der Beziehungsebene zwischen Ihnen als Käufer und dem jeweiligen Verkäufer abhängt.

Guter Verkauf ist deshalb heutzutage partnerschaftliche Beziehungsarbeit oder Emotionsverkauf.

10. Eine kleine Geschichte als Abschluß

Sich durchzusetzen, auf Ängste zu verzichten, kann lebenswichtig sein, wie folgende Geschichte beweist: Zwei Frösche fielen in eine Kanne mit Sahne. " Oh je, ich ertrinke ", rief der Pessimist, und so geschah es. Der Optimist dagegen strampelte wie wild mit den Beinen und hüpfte nach einiger Zeit zwar müde, aber voller Stolz auf einem Butterberg aus der Kanne heraus.

11. Ausblick

Mein persönlicher Beitrag im Netzwerk „Unternehmens-Erfolg" ist es u.a., Ihnen meine eigenen Erfahrungen und mein Know-how im Umgang mit Ängsten zur Verfügung zu stellen. Die Chance für die Unternehmen heute ist, die Einzigartigkeit ihrer Mitarbeiter für die Einzigartigkeit des Unternehmens zu nutzen. Geben Sie sich, Ihrem Unternehmen und Ihren Mitarbeitern ein neues Profil. Verändern Sie Ihr Know-how vor allem im Beziehungsmanagement im Umgang mit Mitarbeitern und Kunden. Als Ihr persönlicher Coach und Trainer gehe ich gern ein Stück des Weges mit Ihnen gemeinsam.

Ich bin fest davon überzeugt, daß grundlegende Veränderungen im Unternehmen nur über Veränderungen der Persönlichkeit möglich sind. Wir brauchen neue Menschen und Führungskräfte. Doch das Geheimnis ist: in den Menschen ist schon alles vorhanden und angelegt. Es gilt, auf diese Ressourcen zu vertrauen und damit das volle Potential zu entfalten. Der Glaube an das Gute im Menschen ist meine Leitlinie. Helfen Sie mit, das Gute in der Welt zu vermehren.

Walter K. Saile
Motivationen und Gedanken für das Management der Zukunft

Liebe und tu', was Du willst! (Augustinus)

Ein herzliches "Grüß Gott!", liebe Leser, ich wünsche Ihnen einen guten Tag und hoffe, daß es Ihnen gut gehen möge. Viel Spaß beim Lesen dieses Kapitels.

Ein Schüler in einer Hauptschule sagte mir vor 20 Jahren, als ich noch Lehrer war: "Herr Saile, bei Ihnen macht der Unterricht Spaß. Da freue ich mich jeden Tag darauf!" Und die Eltern: "Seit unser Sohn bei Ihnen ist, blüht er richtig auf." "Was hat das mit Unternehmenserfolg zu tun", werden Sie sich fragen? Genau wie ich mich das heute frage. Damals war mir das noch nicht bewußt. Da war es intuitiv. Da war es Beigeisterung und Liebe. Liebe zu den Kindern und Menschen, die mir anvertraut waren. Lassen Sie mich eine kleine Geschichte erzählen:

Erstes Schuljahr. Der motivierte Lehrer will wissen, inwieweit seine Kinder ihre Heimat kennen. Mit bester Absicht. Mit pädagogischer Sorgfalt. Mit Engagement. Fritz, Sohn eines Hilfsarbeiters, "BILD"-Zeitungsniveau" in der Familie, und Fréderic, Sohn eines Akademikers, FAZ- und WELT-Niveau, sind im gleichen Grundschuljahr.

Lehrer: "Welcher Fluß fließt durch München?" Fritz streckt begeistert und antwortet: "Der Rhein, Herr Lehrer!:" "Nein, Fritz. Dummkopf. "Setz Dich hin!"
"Fréderic"?: "Die Donau, Herr Lehrer"!. "Aber Fréderic, das weißt Du doch besser, denk nach!" Fréderic denkt nach, antwortet: "Der Inn!" und darf sich setzen.

Halten Sie inne.

Haben Sie ähnliches erlebt? Erinnert Sie diese Geschichte an etwas?

Fritz wird immer in seinem Leben das Gefühl haben: Das hätte ich auch gewußt. Aber er wird sich nicht mehr melden. Er wird dieses Erlebnis nie vergessen. Es wird ihn sein Leben lang begleiten. Er wird sich nicht so äußern, wie er möchte. Er wird seine Ideen und Fähigkeiten auf das "zulässige" Maß beschränken. Frédéric wird ein Leben lang Mut und Vertrauen besitzen, fragen und entsprechend behandelt werden. Er erscheint nicht als "dumm". Er setzt sich durch. Übrigens: Das gilt nicht nur für die Grundschule. Das passiert täglich. Zu Hause in der Familie, im Betrieb. Sie sind nicht alleine.

Als ich dann in der Erwachsenenbildung mit Menschen im Alter zwischen 16 und 56 Jahren arbeitete, erinnerte ich mich an diese Geschichte in der Schule. Die Teilnehmer der Motivationsseminare der Bundesanstalt für Arbeit hatten fast alle eine Erinnerung in dieser Richtung. Egal, ob das ein ungelernter Maurer, eine Verkäuferin, ein Jurist oder ein Arzt, ein Techniker oder ein ehemaliger Personalchef waren, eine Haus- und Ehefrau oder ein ausgeflippter Jugendlicher - sie alle verband etwas Gemeinsames: Jeder konnte mir eine ähnliche Situation, die er nie vergessen hatte, erzählen - und alle waren arbeitslos. Teilweise langfristig arbeitslos.

Um sie wieder vermittelbar zu machen, wurden diese Menschen in meine Seminare "gesteckt". Der Arbeitsberater war der "Lehrer". Wenn sie nicht bereit waren, dieses Angebot anzunehmen, wurde ihnen mit Sanktionen gedroht wie Streichung (Sperre) der Arbeitslosenunterstützung, was oft einer Existenzgefährdung gleichkam, oder Entzug der "Zuneigung" des Arbeitsamtes. Unter derartigen Voraussetzungen war ich mit diesen Menschen dann zwei Wochen täglich acht und mehr Stunden zusammen. Und es passierte Wunderbares:

Schon nach dem ersten Tag war die Stimmung anders, waren die Teilnehmer aufgeschlossen, erlebte ich eine Zuneigung, wie ich sie zuvor nur bei meinen Schülern gespürt hatte. Mir war die Ursache damals nicht bewußt. Ich wußte nicht, warum erwachsene Menschen, die mit Widerwillen wieder "in die Schule" gezwungen wurden, sich auf den nächsten Tag freuten, obwohl sich zuvor die meisten (Gruppendynamik) darüber Gedanken gemacht hatten, bei welchem Arzt sie sich krankschreiben lassen würden und wie sie diese "Schule" umgehen konnten.

Aus diesen Zwei-Wochen - "Motivations-Maßnahmen" wurden dann dank der Begeisterung der "Erstsemestrigen" und des Engagements einiger aufgeschlossener Arbeitsberater im Laufe zweier Jahre bei den arbeitslosen Menschen eines Arbeitsamtsbereiches begehrte Vier-Wochen-Seminare, die im Zeitraum von ca. zehn Jahren mehreren Tausend Menschen die Rückkehr ins Arbeitsleben ermöglichten. Die Durchschnittsquote der nach diesem Seminar auf Dauer in ein festes Arbeitsverhältnis vermittelten Teilnehmer lag dabei bei unvorstellbaren 80 %.

Sie meinen: "Damals war so etwas noch möglich!"
Auch damals, - schon 1980 -, gab es Bildungsträger, die mit 30 % Erfolgsquote zufrieden waren.

Was war geschehen?

Der altersmäßg und geschlechtlich sehr heterogenen Gruppe wurde nicht ein Konzept vorgesetzt. Nicht das Seminar war wichtig, sondern die Menschen im Seminar. Die Arbeitslosen fühlten sich nicht mehr mit dem Makel der Faulheit oder des Schmarotzertums ("wer Arbeit will, findet auch eine") behaftet, sie waren wieder etwas wert. Sie wurden von mir zu "Freizeitbesitzern" umgewandelt, die jetzt eine Möglichkeit bekommen hatten, die Zeit der Arbeitslosigkeit zu nützen und für ihr Leben etwas dazuzulernen.

Die Arbeitslosigkeit war keine Bürde mehr, sie war eine Chance. Die Teilnehmer konnten ein Ziel entwickeln, ja sie mußten ein Ziel formulieren - beruflich oder privat - als Leuchtfeuer auf dem Lebensweg. Sie übernahmen Verantwortung - und das machte den meisten ungeheuer viel Spaß. Das durften sie schon lange nicht mehr. Und noch eine wichtige Vereinbarung wurde am Anfang getroffen:

Es gibt die nächsten vier Wochen keine Fehler!
Fehler sind Bausteine, keine Stolpersteine!

Das war neu. Das war ungewohnt. Das verursachte bei manchen zunächst ein ungläubiges Staunen. Keine Fehler! Ich!? Der/die Arbeitslose! Können Sie sich, verehrter Leser, vorstellen, was da in manchem Menschen ablief? Nicht seine Schwächen wurden aufgedeckt, sondern seine Stärken mußte jeder entdecken. Fehler waren nicht mehr Fehler, sondern Herausforderungen, notwendige Erfahrungen für den weiteren Lebensweg. Dabei hielt ich mich an das Goethewort:

"Wenn man den Menschen so behandelt, wie er zu sein scheint, dann macht man ihn schlechter, als er ist. Wenn man ihn aber so behandelt, als wäre er bereits das, was er potentiell sein könnte, dann macht man ihn zu dem, was er sein sollte."

Das Schlüsselwort ist **scheint.**
Und dann durfte jeder einzelne nachdenken:
"Wenn ich mich so behandle, wie ich scheinbar zu sein glaube, dann mache ich mich geringer als ich bin.
Aber wenn ich mich so behandle, als wäre ich bereits das, was ich potentiell sein könnte, dann mache ich mich zu dem, was ich sein kann/bin."

Wir sprachen nicht mehr über die Probleme der Arbeitslosigkeit, sondern über Lösungen. Wir praktizierten NIPSILD.

N = Nicht
I = In
P = Problemen
S = Sondern
I = In
L = Lösungen
D = Denken

Eine junge Frau faßte diesen ersten Schritt in unserer
gemeinsamen Arbeit sichtlich bewegt in einen Satz, den sie
am nächsten Morgen jedem Teilnehmer schenkte:
*"Die Vergangenheit ist für mich ein unbezahlbarer Schatz an
Erfahrungen, der es mir ermöglicht, mein zukünftiges Leben
toll und mit Freude zu gestalten und zu erleben!"*
An diesem Tag ging jeder mit sich einen Vertrag ein, daß er
sich in Zukunft so und so behandeln werde und daß er weiß,
daß er ganz alleine die Konsequenzen für sein Handeln und
das Ergebnis trägt.

Nur **ein** Ziel zunächst. Auf einem Kärtchen. Maximal sieben
Worte. Ein Ziel beruflich oder privat, im Seminar, in meinem
persönlichen Verhalten, in meinem sozialen Umfeld, in der
Familie. Und dann beobachtete ich die Wirkung und die
Ergebnisse. Da machten wir interessante Erfahrungen. Da
spürten wir, daß Verhalten Verhältnisse ändert. Daß die
Menchen um uns herum auf einmal anders mit uns
Arbeitslosen umgingen. Da schämten wir uns nicht mehr. Da
brauchten wir keine 1000 Entschuldigungen mehr für unsere
Situation. Da standen die meisten Teilnehmer zu ihrer
Arbeitslosigkeit als wichtigem Teil ihres Lebens. Da spürten
viele, daß sie selbst der Schöpfer ihrer Zukunft sind. Sie
entwickelten ein neues Bewußtsein für ihre Situation.

Zum ersten Mal wurde mir als Trainer bewußt, daß das herkömmliche "Motivieren", oder was man darunter versteht, diesen Namen nicht verdient. Die Erziehungstechniken aus unserer Kindheit, Lob und Tadel, Zuneigung oder Liebesentzug, wirken zwar in uns Erwachsenen sehr stark nach und werden uns immer auf irgendeine Art konditionieren und beeinflussen, doch als Anreiz oder zum Aufbau einer dauerhaften Eigenmotivation taugen sie nicht. So, wie in den Firmen die Prämien, die boni, die Armbanduhren, die Incentive-Reisen oder andere "Bonbons" nichts taugen. Sie bewirken auf Dauer das Gegenteil.

In diesen Seminaren wurde viel gelacht, gespielt, da gab es keine Angst. Da wurde nicht verglichen oder verurteilt. Da lebte bedingungslose Liebe. Und so wurde auch miteinander kommuniziert. Da forderte und förderte jeder jeden. Den Erfolg und das Resultat kennen sie. Übrigens: Ich habe heute noch mit ehemaligen Seminarteilnehmern einen herzlichen Kontakt.

Diesen wichtigen und interessanten, sehr arbeitsintensiven Lernschritt in meinem Leben beendete ich nach 14 Jahren Tätigkeit als Motivationstrainer und Partner für erwachsene und jugendliche arbeitslose Menschen. Die politische Entwicklung - Zusammenführung beider deutscher Staaten - ließ eine effiziente Arbeit in diesem Aufgabengebiet nicht mehr zu. Ich zog mich aus der Arbeit mit der Bundsanstalt für Arbeit zurück. Aber: Ich danke allen Menschen, mit denen ich arbeiten durfte, für die Erfahrungen, die sie mir ermöglichten, die Zuneigung, die sie mir schenkten und das Vertrauen, das sie mir entgegenbrachten. Ganz besonders danke ich meiner Frau Christiane, die mich in dieser Zeit selbstlos unterstützte und ohne deren Verständnis und Toleranz ich dieses Engagement nicht hätte erbringen können.

Es war eine anstrengende, wunderbare Zeit.

2. Abschnitt

"Sobald der Geist auf ein Ziel gerichtet ist, kommt ihm vieles entgegen." Goethe

Im Laufe dieser Zeit kam ich mit vielen Unternehmern zusammen, kleinen und mittelständischen Betrieben aus Dienstleistung/Gastronomie, Handel und Gewerbe. Und oft kam auch hier die Sprache auf die Motivation. Auf Möglichkeiten, das Unternehmen erfolgreicher zu machen. Im Vordergrund stand dabei immer das Unternehmen. Der Mensch war das Mittel. Die menschlichen Potentiale wurden eingesetzt für den Unternehmenserfolg. Es waren aber nicht die eigentlichen Stärken, sondern nur die, die "zugelassen" wurden, die ins Konzept paßten.

Das war mir zu wenig. Ich überlegte Möglichkeiten, wie die verschiedenen Interessen - hier Mitarbeiter, da Unternehmensleitung - zum Wohle des gesamten Unternehmens zusammengeführt werden konnten. Da lernte ich auf einmal Menschen und Autoren kennen, die mich weiterbrachten, die das Begonnene auf eine andere Stufe führten. Ich spürte, daß der Weg stimmte.

"Erfolgsfaktoren der Unternehmung" von Prof. Dr. Kurt Nagel, "Das visionäre Unternehmen" von Rudolf Mann und vor allem seine "Fünfte Dimension in der Führung" waren Wegweiser aus der anderen Seite, der betriebswirtschaftlichen, die mir den Horizont erweiterten, "Weg der Erfüllung" von W. B. Joy gab mir den Blick frei in eine Denkweise des Bewußtseins der bedingungslosen Liebe, deren Kraft uns die "harte" Wirklichkeit der Welt in einem wunderbaren Licht erscheinen läßt und uns unsere unbegrenzten Möglichkeiten und Anlagen aufzeigt.

Ich sah aber auch, wie "betriebswirtschaftlich" die besten Potentiale aus den Unternehmen entfernt wurden, wie Worte wie "Krieg" die Sprache des Managements beherrschten - und als

Sohn eines gefallenen Vaters weiß ich sehr wohl, was ein Menschenleben im Krieg wert ist - und ich spüre das Leid, das diese Entscheidungen zur Folge hat.

In einem Krieg gibt es keinen Gewinner!

Wenn ein Unternehmen auf Dauer erfolgreich sein will, müssen alle am Unternehmen Beteiligten, Kapitalgeber, Unternehmensleitung, Mitarbeiter und Kunden Gewinner sein. Dann bauen wir eine echte Beziehung auf. Dann wird aus Partnerschaft Marktmacht. Deshalb muß sich ein Unternehmen über seine Ziele und seine Bestimmung im Klaren sein, wenn es langfristig erfolgreich sein will, und diese Bestimmung muß von allen Mitgliedern des Unternehmens getragen werden.

Und wie mich diese Gedanken bewegten, wie ich hin und her überlegte, wie das für die Unternehmen mit den darin beschäftigten Menschen in der Praxis umzusetzen wäre, kam der Geschäftsführer eines mittelständischen Unternehmens auf mich zu mit der Frage, ob ich in der Lage sei, eine Klausur zu entwickeln mit dem Ziel, die Unternehmensleitung und die Mitarbeiter auf die Anforderungen der Zukunft einzustimmen und darauf vorzubereiten.

Ich fiel aus allen Wolken: Die Gedanken wurden Wirklichkeit.

Lassen Sie mich Ihnen, verehrte Leser, den Verlauf dieser ersten Klausur aufzeigen, in der Hoffnung, Sie werden für sich den ersten Nutzen daraus ziehen.

"Die einzige Möglichkeit, Menschen zu motivieren, ist die Kommunikation."
Lee Iacocca

Die Unternehmensleitung kommunizierte nicht mehr produktiv miteinander, die einzelnen Geschäftsbereiche arbeiteten nicht mehr Hand in Hand, was zu erheblichen Störungen im Auftragsablauf und in Investitionsfragen führte und eine allgemeine Demotivierung im gesamten Unternehmen bewirkte. Obwohl das Unternehmen sehr erfolgreich im Markt stand, waren doch Anzeichen zu erkennen, daß diese Grabenkämpfe dem Unternehmen auf Dauer schadeten, zumal zu diesem Zeitpunkt ein für die Marktposition sehr wichtiger Zusammenschluß mit einer anderen Firma verhandelt wurde.

Ziel der Klausur war,
die Kräfte der Unternehmensleitung, bestehend aus dem Unternehmer und den vier Geschäftsführern der verschiedenen Geschäftsbereiche, wieder zusammenzubringen und eine Beschreibung zu erarbeiten, die den zukünftigen Zustand und die Wesensart des Unter-nehmens definierte. Diese sollte dann über die zweite und dritte Ebene in das Gesamtunternehmen eingebracht und dort gelebt werden. Die vorhandenen Energien sollten auf ein gemeinsames Bild gebündelt werden.

Nach einem ersten Gespräch mit den Betroffenen, in dem die Situation erläutert und zunächst einmal eruiert wurde, ob die Bereitschaft zur Zusammenarbeit mit dem Berater vorhanden ist, führte ich mit jedem der fünf Beteiligten ein Interview zur Vorbereitung der Klausur. Dabei kam zum Ausdruck, daß der Unternehmer sein Lebenswerk in Gefahr sah.

Eine gemeinsame Basis für die Unternehmensführung war nicht mehr vorhanden, sie war nur noch vorgetäuscht, die aktuellen Erfolge verschleierten die wirkliche Situation. Unterschwellig war auch ein Generatio-nenkonflikt zu spüren, da der Unternehmer offensichtlich einen jungen, dynamischen Prokuristen protegierte. "Jetzt wurde ich schon wieder falsch verstanden", war eine der häufigsten Aussagen des Seniorchefs und zeigte mir deutlich die Situation in der Unternehmensleitung.

Ein wichtiges Ergebnis der Klausur mußte also der Grundsatz sein, daß jeder im Unternehmen

gleichwertig

einzigartig   *andersartig*

ist (Rudolf Mann, Die fünfte Dimension in der Führung).

<u>Verlauf der Klausur:</u>
Am ersten Abend beschäftigten sich die einzelnen Teilnehmer mit den Fragen:
- Warum arbeite ich?
- Wofür arbeite ich?
- An welcher Aufgabe arbeite ich?

Hier traten schon die verschiedenen Einstellungen zu Tage. Jeder hatte eine andere Motivation, und doch lag allen das Wohl des Unternehmens auf irgendeine Art am Herzen.

Verehrte Leser, wann haben Sie das letzte Mal über diese Fragen nachgedacht?
Wollen Sie sich ein wenig damit befassen?

- Warum?

- Wofür?

- An welcher Aufgabe?

Der Mensch wird nur groß durch die Aufgabe, die er zu der seinen macht: Jesus, Martin Luther King, Mahatma Gandhi, Albert Schweitzer, Mutter Theresa, Alfred Nordhoff, Konrad Adenauer, Willy Brandt, um nur einige zu nennen. Und natürlich viele Mütter, Väter, Lehrer und Führungskräfte.

Erich Fromm hat das mal so ausgedrückt:

"Wenn das Leben keine VISION hat, nach der man strebt, nach der man sich sehnt, die man verwirklichen möchte, dann gibt es auch keinen Grund, sich anzustrengen."

Und Martin Luther King:

"Wenn ein Mensch nichts gefunden hat, für das er sterben würde, so ist er auch nicht fähig zu leben."
Wie fühlen Sie sich nach dieser kleinen Aufgabe?

Zurück zur Klausur.
Den nächsten Morgen begannen wir dann mit einer geleiteten Meditation und stimmten uns positiv auf die drei gemeinsamen Tage ein. Ich erzählte folgende Geschichte:

Ein junger Mann betrat einen Laden. Hinter der Ladentheke stand ein älterer, freundlicher Herr. "Was verkaufen Sie, mein Herr?", fragte der junge Kunde. "Alles, was Sie sich wünschen", antwortete lächelnd der ältere Herr. Begeistert schoß der junge Mann los: "Dann wünsche ich mir Erfolg, immer-während e Gesundheit, keine Armut mehr auf der Welt, Beendigung der Kriege, dauerhaften Weltfrieden, Beseiti-gung der Arbeitslosigkeit, keinen Streit und...und..." "Halt ein, lieber junger Freund", unterbrach ihn da der Ältere. "Sie haben mich nicht richtig verstanden. Ich verkaufe keine Früchte. Ich verkaufe nur den Samen."

Täglich legen wir Samen, im Beruf, im Privatleben. Durch unsere Gedanken, durch unser Verhalten. Und wir ernten, was wir säen. So bekamen wir schon einen kleinen Hinweis auf das Gesetz von Ursache und Wirkung. Dann definierte jeder Teilnehmer sein Ziel für die drei Tage:

"Was will ich erreichen, um am Sonntag sagen zu können: Es hat sich gelohnt?"

Nach der Klärung der Rollen des Trainers/Moderators und der Teilnehmer übten wir die Wahrnehmung, erfuhren die Voraussetzungen excellenter Kommunkation und vereinbarten, daß die Teilnehmer die Veranwortung für den Inhalt, die Offenheit und die Aktivität während der Klausur übernehmen.

Danach entwickelten wir eine grobe Zielvorstellung, wie Führung und Zusammenarbeit in "unserer" Firma in den nächsten fünf Jahren aussehen werden. Ein Wort, ein Satz, und stellten fest:
Wie ein Leuchtturm für stürmisches Wetter!
wird unsre Devise sein.
Ja, lieber Leser, haben Sie eine Vorstellung davon, wie Ihr Unternehmen, Ihre Abteilung, Ihre Persönlichkeit in den nächsten fünf Jahren aussehen wird? Lohnt es sich für Sie, d arüber vorzudenken?

Als nächstes skizzierten wir einen groben Umriß eines entsprechenden Entwicklungsprozesses:
EINZIGARTIKGKEIT - ANDERSARTIGKEIT - GLEICHWERTIGKEIT
der Unternehmensglieder zeichnet uns aus und wir führen und gestalten mit Herz **und** Verstand.

Danach wurde es konkret, jetzt waren die Flipcharts an der Reihe:
- Was kennzeichnet die Führung und Zusammenarbeit in unserer Firma in 5 Jahren?
- Wie sollen Bereiche/Führungskräfte/ Mitarbeiter miteinander umgehen?
- Welche Gepflogenheiten wird es geben?

- Welches Klima wird herrschen?
- und: Was ist für mich **persönlich dabei besonders** wichtig?

Damit kommen wir zur Identifikation und persönlichen Beziehung.
- Was hebt Führung und Zusammenarbeit bei uns aus dem alltäglichen hervor"?
  a) für den Kunden?
  b) für den Mitarbeiter?

Ich kann den externen Kunden nur excellent bedienen, wenn ich meinen internen Kunden excellent bediene.
- Welche besonderen Qualitäten haben wir angesprochen?
- Was sind unsere Kernaussagen? Wo liegt unsere stärkste Energie?

All das und mehr wurde differenziert und ausgewertet und in einer gemeinsamen Collage sichtbar gestaltet. Hier konnte sich jeder einbringen. Im Sinne des Wortes schufen die Geschäftsführer eine VISION. Diese allgemeine VISION wurde dann zu einer ganz persönlichen VISION gemacht mit der Frage:
- Was will ich hinerlassen, wenn ich mich aus der Firma zurückziehen werde?
- Was zu erreichen und zu gestalten liegt mir besonders am Herzen?
- Auf welche Ziele verpflichte, ja, bekenne ich mich?
- Wo liegt mein Commitment (Begeisterung, Hingabe, Versprechen, Verpflichtung, Engagement) *für eine Unternehmensvision oder einen Produktnutzen?*

Danach machten wir einen langen Spaziergang.

Verehrte Leser und Gestalter,
wir haben auch noch herausgearbeitet, was wir gut machen, was unsere Führungskräfte und Mitarbeiter gut machen,

was uns auszeichnet, was unsere Stärken und Potentiale sind und was auf keinen Fall anders werden soll. Wir sprachen ehrlich und konkret über die Mankos, die wichtigsten Mankos, weil sie uns sehr viel mitteilen. Aber es waren im Gegensatz zu der Zeit vor der Klausur keine Vorwürfe oder Schuldzuweisungen mehr zu spüren. Die Atmosphäre war entspannt und angenehm, während der drei Tage wurde viel gelacht, meditiert (was für alle Teilnehmer neu war) und die beiden Hauptkontrahenten nahmen sich nach dem zweiten Tag nachts um zwölf Uhr, nach einem von mir moderierten Gespräch, in den Arm.

Am dritten Tag trafen wir dann konkrete Vereinbarungen für die Realisierung der ersten Schritte. Eine Regelkommunikation wurde vereinbart, die Postverteilung neu geregelt, ein innerbetrieblicher Moderator gewählt, GL-Sitzungs-Termine verbindlich festgelegt, die Kompetenzen beschrieben und vieles mehr.

Mittlerweile sind die Verhandlungen mit dem neuen Geschäftspartner erfolgreich beendet - das lief, wie von einer unsichtbaren Kraft nach vorne getragen - die ersten Vereinbarungen wurden umgesetzt und die Mitarbeiter erzählten mir, daß ein anderer Ton in der Geschäftsleitung herrsche, daß die Atmosphäre angenehmer sei, daß viele zuvor unterdrückte Ideen und Vorschläge jetzt als wichtig genommen und realisiert würden. Es mache wieder viel mehr Spaß, hier zu arbeiten.

Und was sagt die Unternehmensleitung?
"Die Klausur wurde von allen Beteiligten als positiv empfunden, die Stimmung ist gut, die Perspektiven erheblich verbessert. Bereits die ersten praktischen Umsetzungen ergaben eine wesentliche Verbesserung der Gesprächskultur, bedingt durch sichtlich enorm verbesserte Kommunikationstechniken......... Alles in allem ein Gesamterfolg, für welchen wir Ihnen danken."

Ab jetzt läßt sich excellent mit dem „Unternehmens-Erfolg"
weiterarbeiten.

*"Wenn man nicht genau weiß, wohin man geht, kann es ei-
nem passieren, daß man ganz woanders ankommt",* sagt F.
Mager.

Wie in vielen anderen Unternehmen oder auch im privaten
Bereich wissen die meisten Menschen nicht, was sie wollen.
Und das wissen sie ganz genau. Deshalb bekommen sie
auch, was sie nicht wollen. Denn das wissen sie ja. Der erste
Schritt aber, zu erhalten, was ich will, ist wissen, was ich will.

Verehrter Partner, ich danke Ihnen für´s Zuhören und grüße Sie
mit Kung fu tse, der sagte:

*"Es ist vernünftiger, eine Kerze anzünden, als über Dunkelheit
zu klagen."*

In diesem Sinne: Viel Freude und Erfolg in Ihren Vorhaben!

Ulrich Wilke
'Wahr'-haftige Kommunikation

In der heutigen Zeit, in der die Anzahl von Insolvenzen von
Jahr zu Jahr ansteigt, lastet ein immer größer werdender
Druck auf dem Kostenmanagement. Bei der Analyse der
Kosten und deren Reduzierung sind bisher die verantwort-
lichen Mitverursacher nicht erkannt, geschweige denn
beseitigt worden. Es sind Verluste, die bei Mitarbeitern durch
Verständigungsschwierigkeiten, Mißverständnisse, deplazierte
Konkurrenzgedanken, Gefühle der Ausgrenzung, der künst-
lich hervorgerufenen Unsicherheit, des Nicht-geachtet-
werdens usw. erzeugt werden.

Das behindert den Prozeß der Ideenfindung, die Produktion
und die Betriebsabläufe allgemein. Diese Verluste sind
enorm, nicht nur im Vergleich zum gedachten, vorstellbaren
Ideal. Solche Mechanismen der „Energievernichtung" sind
durch die Bewußtheit einiger weniger Personen durch
Vorleben authentischer 'wahr'-haftiger Kommunikation und
dem daraus entstehenden Schneeballeffekt wirkungsvoll zu
verringern.

Kennen Sie nicht auch das Gefühl, von einem Mitarbeiter
nicht verstanden worden zu sein, das Fragezeichen auf dem
Gesicht des anderen erkennend, wo Sie sich doch gerade
ganz klar und unmißverständlich ausgedrückt haben! Die
offene oder verdeckte Konfrontation, wo es um die Durch-
setzung einer bestimmten Position geht, ist den meisten
Lesern ebenfalls nicht unbekannt. Es geht stets und nur um
das Wohl des Unternehmens, oder sind vielleicht doch noch
andere Gründe für die Konfrontation im Spiel?

Konflikte, die in Unternehmen erlebt werden, sind oft keine
Konflikte auf der Sachebene, auf der es nur um Inhalte geht,

sondern es sind Kommunikationsstörungen auf der Beziehungsebene. Gelingt es, diese zu beheben, wird die Sachfrage auch schnell gelöst werden können.

Im Gegensatz zu den oben beschriebenen Situationen sind Ihnen sicher auch Gespräche bekannt, in denen Sie einen Wunsch oder ein Problem haben. So z.B. einen bestimmten Auftrag in der Produktion vorzuziehen, weil der Auftrag nur mit einer extrem kurzen Lieferzeit zu erhalten war. Man geht zu dem Produktionsleiter, einem gleichrangigen Kollegen, und bespricht diese Sachlage mit ihm. Es wird eine gemeinsame Lösung gefunden, Sie fühlen sich verstanden, Sie haben einen Mitkämpfer gewonnen und verlassen das Büro des Kollegen mit einem guten Gefühl im Bauch und der Sicherheit, verstanden und angenommen worden zu sein.

Dies ist ein Beispiel für 'wahr'-haftige Kommunikation. Es hat kein Manipulationsversuch stattgefunden. Jeder hat das Ziel des anderen zur Kenntnis genommen und akzeptiert. Was wäre, wenn alle Gespräche in dieser Art und Weise verlaufen würden?! Leider wird dieser Gesprächsstil mehr im privaten Bereich als in Unternehmen gepflegt.

Geprägt durch die Sozialisation und gesellschaftliche Einflüsse hat jeder mehr oder weniger Kommunikationsbarrieren. Diese gilt es zu reduzieren, will man erfolgreich mit sich selbst und anderen kommunizieren. Die ideale Voraussetzung zur wahrhaftigen Kommunikation bringt keiner mit. Das Erlernen erfordert Selbstkenntnis im hohen Maße (nur was ich in mir erkenne, kann ich auch im anderen sehen, nachfühlen, verstehen). Die Eigenliebe und die Ehrlichkeit zu sich selbst sowie eine natürliche Liebe zum Gesprächspartner dient als Grundlage zum Erfolg in der Kommunikation(wenn Ihnen das Wort Liebe zu groß und folgenreich ist, können Sie auch Respekt ein-setzen). Egal, ob es sich bei dem betreffenden Gesprächspartner um den Pförtner oder den Vorstandsvorsitzenden handelt. Den Gesprächspartner und die Sache in den Vordergrund stellen und sich selbst zurückzunehmen (alterozentriertes Verhalten) ist die Grundhaltung der Dialektiker [1].

Einerseits ist die ureigenste Aufgabe der Kommunikation, Kontakt zu anderen Personen herzustellen. Je offener Sie dabei sind, „je spontaner und ohne Strategie" [1], desto eher nimmt Ihnen der Gesprächspartner das Gesagte ab. Die Brücke, die Sie bauen, kann breit und tragfähig sein. Anderseits ist die Kommunikation nie zweckfrei, Sie wollen damit auch immer etwas bewirken, andere zu Taten veranlassen. Dies stellt nun ein Spannungsfeld dar. Wollen Sie nur wirken, so sind Sie im Extremfall jemand ohne Rückgrat, der nur auf Effekte bedacht ist. Sind Sie jemand, der sich voll öffnet, jeden im Unternehmen „in sich reinschauen" läßt, haben Sie keinen Sinn für politisches Gespür [2].

Die angemessene Verhaltensweise ist natürlich von der jeweiligen Situation abhängig. Beim Ehepartner ist man sehr offen, als Laienschauspieler auf einer Bühne will man nur wirken. Im Unternehmen muß ein zweckdienlicher Mittelweg gefunden werden. Die Voraussetzungen für exzellente oder mangelhafte Kommunikationsfähigkeit werden in der Kindheit geschaffen. Durch die Sozialisation wird man stark angepaßt und zurechtgestutzt, so daß auch die Kinder in der Gesellschaft gut „funktionieren", Der Vater, der als Hobby Rosen züchtet, liebt diese Blumen und zwar deshalb, weil sie einfach nur *sind*. Im Gegensatz dazu liebt er seine Kinder, bzw. zeigt er ihnen seine Liebe oft nur, wenn sie in seinen Augen das Richtige *tun* und nicht, weil sie einfach *sind*. Und zwar so, wie sie eben *sind* [3].

Die Kinder lernen, es den Erwachsenen recht zu machen und ihre spontanen Impulse dabei zu unterdrücken. Diese Abrichtung mit ihren vielen Varianten ist im Erwachsenen immer noch aktiv, wenn auch meistens in geheimer Mission. Dies ist oft der Boden, auf dem die so hinderlichen Kommunikationsmuster gewachsen sind. Die Schule mit ihren Mechanismen tut ein Weiteres dazu, indem sie auf Erfolg und Konkurrenz (die natürlich nicht per se nachteilig sein muß) ausgerichtet ist. Daher sollten Fortbildungen keine Schulsituation erzeugen, da dann diese alten Muster bei den Teilnehmern unbewußt wieder zu Tage kommen und den Lernerfolg schmälern.

Nur wer bereit ist, hier inne zu halten und in sich selbst zu schauen, kann sich und seine Kommunikation verbessern, nach dem Motto: „Was kann ich mit mir tun, wenn der andere nicht so ist, wie ich ihn mir wünsche" [2]. In der Konsequenz bedeutet das, daß die Kommunikation nicht durch Tips und Tricks verbessert werden kann. Es sind die Gedanken und die daraus resultierenden Einstellungen, die den Stil des Miteinander und als Ausdruck dessen die Kommunikation bestimmen.

Das „Äußere" ist nicht ohne das „Innere" zu entwickeln!

Das klingt nun nach einem großen Aufwand, nach einem Psychologiestudium (wobei Psychologen nicht automatisch die gehobene Kommunikation beherrschen), aber auch eine große Reise fängt mit nur einem kleinen Schritt an.

- Sie wollen sofort erste Erfolge erzielen in Ihrem Unternehmen?
- Gibt es immer wiederkehrende Gesprächssituationen, in die Sie nur ungern gehen oder die Sie ganz meiden?
- Gehören die folgenden Führungssituationen auch dazu?

Beim Anerkennungsgespräch verbessert sich das Klima zwischen dem Vorgesetzten und dem Mitarbeiter, wenn seine auch wirklich erbrachte Leistung anerkannt und geschätzt wird. Oft beklagen sich Vorgesetzte, daß die Mitarbeiter nicht motiviert seien. Sie, die Vorgesetzten, denken nicht einmal im Traum daran, daß Sie selbst schuld sind, weil sie es versäumen zu loben oder es nur dann tun, wenn das erwünschte Verhalten oder lediglich „Funktionieren" gezeigt wird. Man braucht sich nicht zu wundern, wenn sich diese Strategie zu einem Bumerang in Form einer auf das empfindlichste gestörten Beziehung zum Mitarbeiter entwickelt. Oft fühlt sich der Mitarbeiter, wenn er mit dem Chef zusammen trifft, kontrolliert. Und dies gilt für beide - unbewußt. Das heißt, der Vorgesetzte kontrolliert immer. Die Frage ist dabei, kontrolliert der Chef in einer für die Beziehung zum Mitarbeiter förderlichen oder hinderlichen Weise? Wenn die Kontrolle nötig ist und nicht durch Eigenkontrolle ersetzt werden kann, sollte sie immer eine Suche nach Leistung und nicht nach Fehlern darstellen. Lob bedeutet Anerkennung, die nur dann möglich ist, wenn Sie auch Ihre eigene Leistung anerkennen können. Weiterhin muß man sich als Chef bewußt sein, daß die Anerkennung von Leistung den Mitarbeiter aufwertet. Es ist natürlich eine Herausforderung, starke und selbstbewußte Mitarbeiter zu führen.

Statt um den heißen Brei herum zu reden, sollten Sie zu sich stehen und klar Ihre Meinung äußern. Das ist eine Führungseigenschaft. Es geht um die richtige Art und Weise, Ihre Ansicht auszudrücken und dem Mitarbeiter reinen Wein einzuschenken, ohne zuviel neben das Glas zu schütten. Als Beispiel soll hier eine Gesprächssituation stehen, in der das Fehlverhalten eines Mitarbeiters angesprochen wird. Dies ist eine anspruchsvolle Aufgabe, die nur von wenigen Vorgesetzen beherrscht wird. Das **Korrekturgespräch** sollte den Charakter eines Motivationsgespräches mit dem Ziel haben, das hinderliche Verhalten aufzugeben. Das Korrekturgespräch sollte es nicht an einer positiven Einstellung des Führenden dem Mitarbeiter gegenüber fehlen lassen. Der Mitarbeiter ist ein Arbeitspartner, der nach Erfüllung und Freude im Leben strebt, genau wie Sie auch. Das Korrekturgespräch ist oft geprägt von einem Verhaltensmuster, das der Vorgesetzte in seiner Kindheit gelernt hat. Wenn ein Kind mit einem Spielzeug spielt, und es geht nicht so wie es will, dann wird das Kind wütend und schlägt auf das

Spielzeug ein. Viele Vorgesetzte verhalten sich heute noch nach diesem Muster, nur daß sie heute keine Spielsachen mehr, sondern Mitarbeiter haben.

Die Welt stellt sich uns oft so dar, wie wir sie uns denken. Wenn Sie Herrn Maier für einen Idioten halten, wird er das merken und sich in Ihrer Gegenwart sehr unsicher verhalten, unabhängig von seinen wirklichen Fähigkeiten und seiner Intelligenz (self-fullfilling prophecy). Wenn Sie Ihren Mitarbeitern vertrauen (1. Schritt), so werden sich Ihre Mitarbeiter Ihnen auch allmählich anvertrauen (2. Schritt). Jeder Mitarbeiter ist mit seinem Potential und auch von seinem Charakter her einzigartig. Alle Angestellten zusammen stellen in dieser Kombination somit die Einzigartigkeit des Unternehmens dar, aus der heraus es die Möglichkeit hat, einzigartig auf dem Markt zu sein [4].

Somit sollte jedes Unternehmensmitglied die Gelegenheit bekommen, mit Hilfe seines Chefs sein ihm eigenes Potential zu leben und zu erweitern. Jede Führungskraft, die auf Dauer erfolgreich sein und bleiben will, sollte sich vor allem dieser Aufgabe widmen. Jede Fußballmannschaft kennt ihr Ziel, mehr Tore als der Gegner zu schießen. Dafür braucht sie keinen Chef, aber sie braucht einen Trainer, der sie fördert. Jeder Trainer freut sich über starke Spieler, die auch auf dem Spielfeld Verantwortung übernehmen. Es ist ein Irrtum anzunehmen, daß der Vorgesetzte all die Fähigkeiten in seiner Person vereinigt haben muß, die seine Mitarbeiter haben. Berti Vogts konnte und hat während seiner aktiven Laufbahn als Verteidiger auch kaum Tore geschossen. Heute ist er als Trainer Europameister.

Die Förderung ist eine anspruchsvolle und zeitaufwendige Aufgabe. Hierbei kann ein **Mitarbeiter-Förderungsgespräch** helfen. Die Förderung muß immer vom Mitarbeiter gewollt sein und sollte, ausgehend von seinem Selbstbild, individuell auf ihn zugeschnitten sein. Dieses Bild prägt sein eigenes

Verhalten und nicht das Bild, welches der Vorgesetzte von ihm hat. Hierbei ist unter anderem zu berücksichtigen, daß Förderung oft für den Mitarbeiter bedeutet, liebgewordene Gewohnheiten aufzugeben, was zu Ängsten führen kann. Hier ist der Führende gefordert, viel Sicherheit zu geben.

Diese drei Beispiele verdeutlichen die Einstellung zu sich selbst und daraus resultierend die Einstellung zum Mitarbeiter. Erst wenn Sie diesen Sachverhalt verinnerlicht haben, können Sie Nutzen aus den angedeuteten Verhaltensempfehlungen bei den Beispielen Anerkennungs-, Korrektur- und Förderungsgespräch ziehen. Sonst degenerieren die Verhaltensregeln zu reinen Techniken, die immer zu einer Gefahr für den Führenden werden, weil sie inhaltslos und damit wertlos sind.

Dies kommt ebenfalls durch nonverbale Kommunikation, also durch Mimik, Gestik und Körperhaltung zum Ausdruck. Wenn Ihre Körpersprache nicht mit dem von Ihnen Gesagten übereinstimmt, sind Sie unglaubwürdig. Je nach Literaturstelle wird davon ausgegangen, daß 40 - 70% der Botschaft nonverbal, also 30 - 60% verbal, übertragen werden. Die Mutter spürt, wenn der Säugling sie braucht, auch wenn sie nicht in der Nähe ist. Diese Information läuft auch über nicht „klassische Kanäle" wie das Hören und Sehen. Solche telepathischen Erfahrungen teilen Menschen miteinander, die ein inniges Interesse aneinander haben.

Führen ist immer mit einem Risiko behaftet, denn es gibt keine Sicherheit und keine Garantie, daß die richtigen Ziele verfolgt werden, ob Sie richtig entschieden haben und ob das Delegierte auch ausgeführt wurde. Genauso ist es scheinbar ein Risiko, sein Denken, sein Verhalten und seinen Kommunikationsstil zu ändern, um als Vorbild in Ihrem Unternehmen neue Wege zu gehen, obwohl Sie schon 20 Jahre lang mit Ihrem Kommunikationsstil erfolgreich Karriere gemacht haben. Vertrauen zu sich selbst und zu seiner Wahrnehmung ist der erste Schritt zu 'wahr'-haftiger Kommunikation. Das

Ergebnis ist ein besseres Klima in der Firma, womit immense Kosteneinsparungen einhergehen. Nicht zuletzt resultiert für Sie daraus eine besser Arbeits- und damit Lebensqualität. Dies lohnt sicher ein kalkulierbares Risiko.

Literaturverzeichnis:

- R. Lay: Führen durch das Wort, 6. Auflage Ullstein, Frankfurt/M. 1993
- Schulz von Thun:
  Miteinander reden: Störungen und Klärungen, rororo Reinbek 1988
- V. Birkenbihl: Erfolgstraining 7. Auflage mvg Landsberg am Lech 1996
- Rudolf Mann: Die fünfte Dimension der Führung, Econ Verlag Düsseldorf 1993